Es kommt ein Moment, in dem man sich nicht mehr verstecken darf. Wer Geschichte erzählen will – also die kollektive Geschichte der Völker im Verlauf der Zeit, die erst dann menschliche Züge annimmt, wenn sie in eine Erzählung eingeht –, muss sich als Teil von ihr erkennen. Wer so eine Art Erzählung anstrebt, muss sich schuldig bekennen.

Schuldig warum? Weil man zu den vielen gehört, weil man wie alle ist, weil man involviert, verstrickt und beteiligt ist. Weil – wie der Dichter Yeats es ausdrückte – der Tänzer nicht vom Tanz zu unterscheiden ist. Weil man diese Unterscheidung weder vornehmen kann noch will. Dass das Gefühl für Geschichte verloren ging, ist eine der großen geistigen Unzulänglichkeiten unserer Zeit, die in vielerlei anderer Hinsicht eine privilegierte Epoche ist.

Seit der Französischen Revolution hatten zehn aufeinanderfolgende Generationen den Horizont der Geschichte vor Augen, einen uferlosen, schreckenerregenden und vielversprechenden Horizont. Zwei Jahrhunderte lang konnten Männer und Frauen den Blick auf diese ferne Linie mit dem Gefühl richten, dass die eigene kleine individuelle Existenz in eine weitergefasste Erzählung eingebettet ist, die ihnen trotz ihrer stürmischen, irrsinnigen und häufig blutigen Momente einen Sinn geben und eine Richtung weisen konnte. Die Geschichte strahlte wie ein Polarstern an dem Nachthimmel, der ewig über unserer Betrübnis liegt.

Seit der Französischen Revolution wandten sich zwei Jahrhunderte lang zehn Generationen an die Zukunft, um Gerechtigkeit zu bekommen: Vor dem Tribunal der Geschichte sollten sie nach vielen Jahrtausenden der gebrochenen Rücken und unsäglichen Leiden endlich ihre Erlösung finden. Erlösung finden und Entschädigung erhalten. Und sogar die Genugtuung der Rache. Zehn Generationen von Müttern und Vätern glaubten mit großherziger Zuversicht, dass ihre Kinder ein besseres Leben als sie selbst und ihre Enkel ein noch besseres als ihre Kinder haben würden. Und dafür brachten sie die große Bereitschaft auf, zu kämpfen, zu sterben und sogar zu töten.

So lautet das Versprechen der Geschichte, eines, das sich von selbst versteht: Die Zukunft erwartet uns, die Zukunft gehört uns. Sie ist eine von uns. Diese Aufgabe hat die Geschichte: Sie ist nie ein für alle Mal festge-

Die vorliegende Schrift geht auf meinen Beitrag zu den Rencontres internationales de Genève zurück, eine Veranstaltung, die seit 1946 jedes Jahr stattfindet. Damals, unmittelbar nach dem Zweiten Weltkrieg, sah es eine Gruppe von Schriftstellerinnen, Autoren und Intellektuellen als notwendig an, den kulturellen Dialog zwischen den Nationen wiederaufzunehmen, um den Frieden aufrechtzuerhalten. Mein Vortrag fand am Donnerstag, den 29. September 2022 statt, wenige Tage nach den Wahlen in Italien. Auch wenn ich ihn überarbeitet und erweitert habe, war mir wichtig, seinen Charakter einer zivilen öffentlichen Rede und seinen betroffenen Tonfall zu erhalten. Beides ist auch dem historischen Augenblick geschuldet, in dem sein Text konzipiert und vorgetragen wurde.

schrieben, sie ist immer der Kampf um ihren Verlauf. Die Geschichte sind wir.

Aber dann ist dieser Horizont verschwunden, ist der Stern der Erlösung erloschen. Es muss an einem tristen Nachmittag am Ende des Millenniums gewesen sein, dass wir in einem gut ausstaffierten Zimmer, im fahlen Licht eines Fernsehgeräts, in dem ein toter Sender lief, den Glauben an die Geschichte verloren haben. Unversehens schrumpften unsere Existenzen als westliche Bürger zu einer reinen Privatangelegenheit zusammen, zu einer planetaren Einsamkeit. Ab da maßen wir jede Erfahrung mit dem kurzen Metermaß der Gegenwart, das die großen Schauplätze des individuellen und kollektiven Seins nicht überspannen kann. Wir verloren die Fähigkeit, uns vom großen Strom der Zeit, der von fernher kam und in die Ferne strömte, noch getragen zu fühlen, wurden taub gegenüber der Stimme, die uns in den Augenblicken der Verzweiflung aufmunternd zuflüsterte: nur Mut! Vorwärts, du bist nicht der Einzige, bist nicht die Erste, nicht der Letzte. Du bist nicht allein: Mit dir marschieren Legionen von Menschen, die lebten und starben, ehe du geboren wurdest, und noch größere Scharen von Frauen und Männern, die erst noch zur Welt kommen.

Aber wer – wie ich – dieses verloren gegangene Gefühl für die Geschichte wiederfinden will, der darf sich nicht verstecken. Der Romanschriftsteller Pasolini, der sich in einer fernen Vergangenheit auf die Suche nach den »Brüdern« machen möchte, »die nicht mehr sind«, der muss, so wie Enzensberger sagte, anerkennen, dass für die Völker allein diejenige Geschichte zählt, die als Sage, als *Epos,* als kollektive Erzählung überliefert ist, von einem anonymen Stimmengewirr in einem Bündel aus freien Versionen. Diese begeistern, weil alle in Begeisterung entstanden, sie machen uns betroffen, weil hinter allen Betroffenheit steht, sie ergreifen uns, weil alle aus Ergriffenheit schöpften.

Und so beschloss ich an diesem Abend, mich nicht zu verstecken, also vor allem der Tatsache Rechnung zu tragen, dass die Einladung zu dieser angesehenen – seit 1946 stattfindenden – Veranstaltung mit Vorträgen über den Frieden für mich eine historische Bedeutung und eine tiefe existenzielle Wertigkeit hat.

Die historische Bedeutung rührt unweigerlich daher, dass meine Mitbürger – nicht alle, eine relative, stabile Mehrheit – vor wenigen Tagen den Willen bekundet haben, die Regierungsverantwortung in die Hände einer rechtsextremen Partei zu legen, mit Vertretern an der Spitze, deren persönliche, biografische und politische Vergangenheit im Neofaschismus wurzelt: dies in Italien, in meinem Land, aus dem ich an diesem Morgen nach einer Fahrt im Zug durch wunderschöne alpine Landschaften eingetroffen bin, von jenseits der Berge, die uns zwar räumlich, nicht aber geistig trennen.

Wie wir – auch aus gelebter Erfahrung – wissen, ist Geschichte eben deshalb Geschichte, weil sie manche Dinge, manche Meinungen und manche Ideen hinter sich lässt, zu Neuem aufbricht und auf Neues stößt, es umwandelt, es mitunter verleugnet oder wieder vergisst, sich aber niemals wieder wie ein Tonband zurückspulen lässt. Eine Geschichte zu haben, heißt nicht unbedingt, einem Schicksal ausgeliefert zu sein, in dem Sinn, dass die Vergangenheit unwiderruflich die Zukunft bestimmt: Trotzdem hat sie etwas Unauslöschliches. »Man kann seine Eintrittskarte ins Leben nicht zurücktauschen«, sagte ein großer Denker; man kann seine Geschichte nicht auslöschen, man trägt sie mit sich herum. Ich sehe – und ich glaube, alle Italiener und nicht nur sie sollten dies sehen – einen Augenblick der tiefen Reflexion gekommen, einen betrüblichen und gefährlichen.

Wer den Sprung aus einer politischen Vergangenheit des militanten Neofaschismus in die Regierungsverantwortung geschafft hat, steht an einem Scheideweg. Entweder er kappt – über einen transparenten und versöhnlichen öffentlichen Diskurs – endgültig die Bindung an diese Vergangenheit, oder er trifft Vorbereitungen, die gesamte Geschichte Italiens umzuschreiben: mit dem Versuch, sie unter ein neues Vorzeichen zu stellen und in ein neues Licht zu rücken, in dem ihr finsterer Charakter geleugnet und verkannt wird. Da bislang jedwede öffentliche Debatte ausblieb, um sich von dieser Bindung – mit einer Aufarbeitung der dunklen faschistischen und neofaschistischen Vergangenheit im kollektiven Gedächtnis – loszusagen, ist leicht vorherzusehen, dass der Weg in die zweite Richtung führt: in einen aufwiegelnden und gehässigen Revisionismus.

Diese historischen Brandungswellen sind der Anlass für mein Nachdenken. Was meine Worte allerdings existenziell bestimmt, ist die Tatsache, dass ich die letzten Jahre meiner – inzwischen ein Jahrzehnt währenden – literarischen Recherchen damit zugebracht habe, die faschistische Ära in Romanform zu erkunden und erzählerisch wiederzugeben. Begonnen habe ich mit *Il tempo migliore della nostra vita,* einem biografischen Roman über Leone Ginzburg, den großen Intellektuellen – großen intellektuellen Helden, wage ich zu sagen –, der seine Existenz dem unerschütterlichen Kampf gegen den Faschismus gewidmet und mit dem Leben bezahlt hat. Die Entstehung dieses Buchs sagt meiner Überzeugung nach nicht nur etwas über meinen persönlichen geistigen Werdegang, sondern über den einer ganzen Generation aus. Ende der Sechzigerjahre geboren, gehöre ich tatsächlich zur letzten Generation des vergangenen Jahrhunderts. Also zu den Letzten, die ihre gesamte Jugend in der gesellschaftlichen und kulturellen Atmosphäre des 20. Jahrhunderts zubrachten. Und damit auch zu den Letzten, die intellektuell, ethisch und politisch vom antifaschistischen Geist dieser Zeit geprägt wurden. Es war also kein Zufall, dass ich schon in ganz jungen Jahren, als ich mir die Schriftstellerei in den Kopf gesetzt hatte, den Plan hegte, eines Tages einen Roman über die Partisanen zu schreiben. Auch wenn ich viele Jahre später beschloss, all meine Energie einem Romanzyklus zu widmen, der sich um Benito Mussolini drehte, galten meine literarischen Ambitionen von Anfang an dem Wunsch, von den Antifaschisten, bestimmt nicht von den Faschisten zu erzählen. Geprägt von der politischen Kultur des späten 20. Jahrhunderts, die um den *mito resistenziale* zentriert war, also die Erzählung des Widerstands als dem Gründungsmythos unserer Demokratie, erlag ich niemals – auch nicht auf rein intellektueller oder künstlerischer Ebene – der vom Duce, von der Führungsfigur des Faschismus, ausgehenden Faszination. Im Gegenteil: Ganz im Einklang mit dem vorherrschenden Narrativ der zweiten Nachkriegszeit, wonach der Faschismus aus der Perspektive seiner Opfer erzählt werden müsse, wollte auch ich meinen Beitrag zu dieser Widerstandsliteratur leisten, die mich so sehr inspirierte. Damals hätte ich mir nie vorstellen können, dass ich als Autor eines Romans über Mussolini bekannt werden würde.

Und tatsächlich bin ich zu dieser Arbeit erst über einen Roman über Leone Ginzburg gelangt. Anders hätte es nicht sein können. Für mich, einen Angehörigen dieser »letzten Generation«, die in der zweiten Hälfte des 20. Jahrhunderts herangewachsen war, sowie für dessen gesamte Kultur war eine Reflexion über den Verfolger erst nach einer langen Auseinandersetzung mit den Verfolgten möglich, war der Täter erst nach dem Opfer zu betrachten und der Faschismus nur über den Antifaschismus zu verstehen.

Aus diesen Gründen habe ich vor *M* – und sogar in einer Zeit, in der an einen solchen Roman nicht einmal zu denken war – *Il tempo migliore della nostra vita* geschrieben. Ich habe dieses Werk über Ginzburg mit dem willkürlichen – aber aufrichtigen, wie ich zumindest hoffe – Entschluss entworfen, das Leben dieses außergewöhnlichen Mannes neben das ganz gewöhnlicher Menschen zu stellen, die Zeitgenossen und sogar Gleichaltrige waren. Diese »gewöhnlichen« Männer und Frauen hatten dieselben epischen und furchtbaren Jahre unter derselben Diktatur durchlebt und waren vor die gleiche Wahl gestellt worden. Es waren einfache, aber nicht irgendwelche Personen.

Dieses Leben der gewöhnlichen Leute, von dem ich meinte, es in meiner Erzählung neben das der historischen Person stellen zu müssen, war das meiner Großeltern väterlicher- und mütterlicherseits. Ich war auf der Suche nach dem gemeinsamen Boden, aus dem außergewöhnliche wie auch gewöhnliche Existenzen heraussprießen. Auch versuchte ich auf meine Art, zwischen meiner Generation der hohlen Hedonisten und der tragischen und fabelhaften unserer Großeltern eine Brücke zu schlagen. Ich stellte mir die Frage, die meiner Ansicht nach als einzige wirklich zählt, wenn wir uns zu einer Reflexion über die Geschichte aufraffen und aus den Niederungen der Gegenwart zu den Männern und Frauen aufschauen, die das Schicksal traf, in tragischen und ruhmreichen Zeiten zu leben: Wo schwimme ich in diesem Strom?

Mit verstörender Gewissheit meinte ich damals behaupten zu können: »Ich gehörte dazu!« Ich gehörte deshalb dazu, weil mein Großvater dazugehört hatte, weil ich seinen Namen trage und von ihm abstamme, obwohl dieser Dreher aus dem Mailänder Stadtteil Portello, der mit seinen riesigen geschickten Händen bei Alfa Romeo gearbeitet hatte und bis zum Mutismus reserviert war, ganz anders als ich war und sich mir gegenüber anders verhielt. Heute hätte er mit mir wahrscheinlich nicht einmal einen Kaffee getrunken.

Kurzum bin ich zu dem Roman über den Faschismus erst gelangt, nachdem ich den von jung auf erträumten über den Widerstand geschrieben hatte. Und die Arbeit an dem Roman über den Widerstandskämpfer war sogar wegbereitend für meinen späteren über Mussolini.

Ich erinnere mich noch genau an den Augenblick, in dem ich das literarische Projekt, das zu *M* wurde, ins Auge fasste. Ich steckte noch in Recherchen für den Tatsachenroman über Leone Ginzburg. Als ich mir damals einen dieser bekannten Filme anschaute, die Mussolini zeigen, wie er vom Balkon des Palazzo Venezia aus zu »ozeanischen Massen« spricht, hatte ich eine Art Eingebung: »Das hat noch niemand erzählt!«, sagte ich mir so aufgeregt wie betroffen angesichts dieser Abfolge aus Bildern, die aus einer beschwichtigenden Erinnerung herauskristallisiert sind und die wir schon allzu oft gesehen und wohl gerade deshalb vergessen haben.

Ich war nicht verrückt geworden (wenigstens nicht ganz). Auch wenn es ganze Bibliotheken an historischen Studien, Aufsätzen und Denkschriften zu Mussolini und dem Faschismus gab – das war mir durchaus bewusst –, so hatte die Ereignisse doch noch kein Schriftsteller aus den nachfolgenden Generationen in der populären und besonders demokratischen Form des Romans erzählt. Und auch noch nie aus dem Blickwinkel von innen. Und so brachte ich nach dem Roman über Ginzburg und meine Großeltern mehrere Jahre damit zu, für dieses Projekt zu recherchieren und an ihm zu arbeiten. Ich hatte mir vorgenommen, die gesamte Geschichte des Faschismus aus der Perspektive der Faschisten und *vor allem* des *Capo*, des »Chefs«, wie sie ihn nannten, zu erzählen: aus der Benito Mussolinis.

Sich geistig in die Position der Faschisten zu begeben – das sage ich für die Jüngeren –, heißt mitnichten, der faschistischen Ideologie anzuhängen. Für mich bedeutete dies im Gegenteil, die italienische Leserschaft – und nicht nur sie – dazu zu drängen, sich über den

Faschismus endlich Rechenschaft abzulegen. Tatsächlich war diese Aufarbeitung aus meiner Sicht (und nicht nur aus meiner) immer noch nicht erfolgt, obwohl seit Mussolinis Machtübernahme 100 und seit seinem Sturz 70 Jahre vergangen waren. Hier stoßen wir auf einen wesentlichen und umstrittenen Punkt: Die Entstehung von *M* bedeutet eine Zäsur in der kulturellen und politischen Geschichte Italiens der späten Nachkriegszeit, die äußerst lange gedauert hat und sich in gewisser Hinsicht bis heute fortsetzt.

Ich habe oben meine jungen Jahre als angehender Schriftsteller anklingen lassen, der vom Antifaschismus des 20. Jahrhunderts geprägt gewesen war. Nun trat aber gerade in den Jahren, in denen ich vor dem Erwachsenwerden stand, meine geistige Prägung erhielt und meine literarischen Ambitionen hegte, die 50-jährige Geschichte, in der Demokratie und Antifaschismus als die zwei Seiten derselben Medaille gesehen worden waren, in eine Phase des Niedergangs ein, eben jene Geschichte, in welcher der militante Antifaschismus – mit der Resistenza als ihrem Höhepunkt – sogar als die Grundlage der italienischen und der europäischen Demokratie gegolten hatte. Der Wechsel erfolgte ungefähr um die Jahrhundert- und Jahrtausendwende. Seither hat die antifaschistische Kultur, das Erbe unserer Eltern und Großeltern, diese Sichtweise von der Welt, der Gesellschaft und der Geschichte, auf der sich – nicht zu vergessen – unsere Verfassung, Republik und Demokratie gründen, zusehends an Boden verloren, um dann rasch vollends unterzugehen. Dies machte sich bald mit zahlreichen Zeichen plakativ bemerkbar: Massenblätter boten revisionistischen Geschichtsdarstellungen eine Bühne, offen neofaschistische Gruppen traten aus der Deckung und verbreiteten ihre Propaganda an Schulen, politische Führer einer angeblich liberalen Rechten gingen mit Zitaten Mussolinis, mit denen sie bis vor wenigen Jahren deutliche Einbußen eingehandelt hätten, auf Stimmenfang. Langsam, fast unmerklich trat das nationale Bewusstsein mit Grenzüberschreitungen in eine neue Phase seiner Geschichte ein. Die demokratische Gesinnung, vermittelt von unseren Vätern und Müttern und geprägt durch den antifaschistischen Kampf unserer Großväter und Großmütter, begann zu erodieren. Nicht von ungefähr setzte gerade damals der unaufhaltsame Aufstieg von Bewegungen, Parteien und Politikern ein, die wir in der Folgezeit als populistisch bezeichnen sollten.

Die Möglichkeit, einen Roman mit Benito Mussolini als seinem Protagonisten zu konzipieren, ergab sich überhaupt erst aus diesem erdrutschartigen Wandel in der Stimmungslage. In der Zeit zuvor, in der das antifaschistische Präjudiz mit der einhergehenden Vorgabe geherrscht hatte, den Faschismus erzählerisch aus Sicht der Opfer darzustellen, wäre ein derartiger Roman noch undenkbar gewesen. Nicht umsonst hatte bislang noch niemand an so ein Projekt gedacht. Aber gerade damals wurde es möglich und deswegen meiner Meinung nach auch notwendig. Aus den gleichen historischen Gründen, wegen denen die Fundamente der Demokratie, die auf dem militanten Antifaschismus errichtet worden war, zu bröckeln begannen, mussten neue Formen eines demokratischen Narrativs gefunden werden, die das Erbe aus der zweiten Hälfte des 20. Jahrhunderts fortführen und dabei dessen Widersprüche, sofern möglich, überwinden konnten. Diese Widersprüche hatten die Italiener daran gehindert, mit der faschistischen Vergangenheit vollständig abzuschließen, worauf die Rückfälle zu Anfang des Jahrtausends immer wieder hindeuteten.

In der Nachkriegszeit musste sich die deutsche Bevölkerung kritisch mit den Schrecken des Nationalsozialismus auseinandersetzen. Um diesen langen Prozess und teilweise auch die langsame und mühselige Emanzipation von den Schuldgefühlen zu beschreiben, die die NS-Verbrechen heraufbeschworen, gibt es im deutschen Vokabular ein zusammengesetztes Wort: *Vergangenheitsbewältigung.*

Das Italienische kennt keinen entsprechenden Ausdruck. Dies liegt meiner Ansicht nach daran, dass dieser Prozess der Aufarbeitung zwar eingeleitet, aber niemals zu Ende geführt worden ist. Die Gründe sind wie immer vielfältig und für unsere politische Geschichte typisch.

Als ich den Roman *M* konzipierte, hatte ich den Eindruck, dass einer dieser Gründe in einer unbeabsichtigten Nebenwirkung des »Widerstandsmythos« liegt, in einer Art Kollateralschaden. Sich die eigene verhängnisvolle Vergangenheit bewusst zu machen, setzt zunächst einmal faktisch voraus, sich radikal der eigenen Verantwortung zu stellen. Um in die Tiefen des Abgrunds zu blicken, muss man zunächst den Abgrund in sich selbst erkennen. Wenn die Italiener diesen Schritt in ihrem kollektiven Bewusstsein nicht vollzogen haben, so ist dies – zahlreiche weitere Gründe sind in der politischen Geschichte unserer Nachkriegszeit zu suchen – auch der Darstellungsweise des Faschismus geschuldet, die bis in jüngste Zeit vorherrschend geblieben ist. Die Vorgabe – fast ein kulturelles Diktat –, den Faschismus aus Sicht des Antifaschismus zu erzählen, und damit die Neigung eines ganzen Volkes, sich auf einer symbolischen Ebene in der Position des Opfers zu sehen, führten zu einem Narrativ, das das Unverzichtbare verhindert hat: Verantwortung zu übernehmen und sich über die Vergangenheit Rechenschaft abzulegen. Dazu hätten wir, die Italiener, unabdingbar von der Voraussetzung ausgehen müssen, dass wir Faschisten waren, dass unser Volk den Faschismus erfunden hat, dass der Faschismus keine Abweichung vom regulären Verlauf unserer Zeitgeschichte, sondern ein Schlüsselmoment in ihr gewesen war und bleiben würde. Solange diese Revolution im

Narrativ nicht eintreten würde, bliebe der Faschismus das große Verdrängte im nationalen Bewusstsein, das weiterhin wie ein Gespenst durch unser gemeinsames Haus spuken würde.

Dies dachte ich, als ich das Projekt *M* konzipierte, und denke es noch heute. Und wenn ich mich nicht täusche, gibt mir leider die neuere politische Entwicklung recht.

Ich verhehle Ihnen also keineswegs und täusche mich vor allem selbst nicht darüber hinweg, dass mich die Tatsache, über dieses Thema hier in einem Augenblick sprechen zu müssen, in dem sich die Mehrheit meiner Mitbürger an den Urnen für eine Rechtsregierung entschieden hat, von der viele Beteiligte aus dem Neofaschismus stammen, emotional aufrührt und mir auch keinen neutralen Standpunkt ermöglicht. (Den könnte ich schon deshalb nicht beziehen, weil ich in Italien Zielscheibe vulgärer, persönlicher, beleidigender und erbitterter Angriffe durch die rechte Presse bin.) Was ich gesagt habe und sagen werde, erhebt folglich keinerlei Anspruch auf Neutralität, Distanz oder Unabhängigkeit von der eigenen Person. Es will nicht im Namen einer angeblichen »Überparteilichkeit des Wissens« sprechen (falls es im kulturellen Diskurs so etwas überhaupt gibt). Nein, nein und dreimal nein. Meine Worte setzen vielmehr voraus, dass ich in das, was sie beschreiben, biografisch, existenziell und sogar historisch involviert bin.

Ich bin von dem, was ich Ihnen sage, persönlich betroffen. Ich gestehe es, ich verkünde es, und ich bekenne mich dazu.

In den letzten Jahren wurde ich oft gefragt – in Form einer dieser kaum zu beantwortenden journalistischen Fragen –, ob ich ein einzelnes Wort parat hätte, mit dem sich der gesamte Faschismus zusammenfassen ließe. Dieses Spiel ist verloren: Man könnte ihn mit »Gewalt« etikettieren, müsste dann aber die Art der Gewalt spezifizieren, und dann blieben noch zahlreiche weitere wesentliche Merkmale ungenannt. Vor fast 30 Jahren hat Umberto Eco in einem viel beachteten Vortrag die Position vertreten, dass sich der italienische Faschismus auf der Welt und über die Zeit deswegen habe ausbreiten und Einfluss ausüben können, weil er »keinerlei Quintessenz und überhaupt keine einzige Essenz besessen« habe. Wegen dieses Merkmals sei er ein »*Fuzzy*-Totalitarismus« gewesen, also ein verschwommenes Gebilde ohne klare Konturen, ein Spiel, das folglich auf »vielerlei Arten«, auch gegensätzlichen, habe »gespielt werden« können. Und der Faschismus habe im Inneren zahlreiche Ungereimtheiten, Unklarheiten und Widersprüche gezeigt. Diese Besonderheit mache es laut Eco möglich, eine Liste mit Kennzeichen vorzulegen, die sich nicht »in ein System zwingen« ließen und typisch seien für das, was den »Ur-Faschismus« oder den »ewigen Faschismus« definieren sollte. Wenn in bestimmten Verhältnissen nur ein einziges dieser Merkmale vorliege, könne sich um es herum wie um einen Kristallisationskeim »eine faschistische Dunkelwolke« bilden.

Nun möchte ich mit Ihnen gemeinsam versuchen, einen Blick auf dieses einzigartig »Ewige« zu werfen, das von der Geschichte und für die Geschichte hervorgebracht wurde und das meiner Ansicht nach angemessener als das Erbe verstanden werden müsste, das der historische Faschismus in der Gegenwart hinterlassen hat. Tatsächlich möchte ich meine Liste der dauerhaften oder wiederkehrenden Kennzeichen des italienischen Faschismus der Zwanziger- und Dreißigerjahre des 20. Jahrhunderts gerade mit Blick auf das gegenwärtige politische Szenario erstellen, dies in der Überzeugung, dass der »faschistische Aberglaube« (im Sinn von überlebenden Glaubensformen und Praktiken aus einer fernen Vergangenheit) im Italien und im Europa der Gegenwart wieder Geschichte schreibt, jene Geschichte, die sich aus dem Faschismus als ihrem Schlüsselereignis herleitet.

Ehe ich diesen Versuch unternehme, ist eine Vorbemerkung notwendig. Ich gehörte nie zu dieser Schar von Intellektuellen, Künstlern und politischen Aktivisten, die in den letzten Jahren wegen einer angeblichen Rückkehr des Faschismus Alarm schlugen, wonach das Überleben der Demokratie in Gefahr sei, weil wieder bekennende Faschisten an die Macht kämen. In Italien wie in vielen anderen europäischen und amerikanischen Staaten gibt es eine Galaxie aus Vereinigungen, Gruppierungen und Bewegungen, die offen neofaschistisch oder neonazistisch auftreten. (Dabei bekennen sich die offen auftretenden Neofaschisten inzwischen leider fast immer auch zum Neonazismus, weil der Neofaschismus der letzten Jahre und Jahrzehnte nahezu ausnahmslos auf einen neonazistischen Kurs eingeschwenkt ist.) Es handelt sich wohlgemerkt um Personen, die Hitlers Geburtstag feiern. Halb im Verborgenen liegend, ist diese Galaxie ziemlich weiträumig verteilt, komplex aufgebaut und organisiert. Sie hat nicht besonders viele Zugehörige, ist aber deswegen keineswegs als marginal und als ein Residuum zu betrachten. Und diese Kreise gingen in Italien in den letzten Jahren, vor allem bei den Wahlen 2018, mit Blick auf einige Punkte mit manchen Regierungsparteien nachweislich ein Bündnis ein.

Obwohl ihre Vertreter häufig Gewalt anwenden – physische, nicht nur verbale –, war ich nie der Ansicht und bin es bis heute nicht, dass von diesen Leuten die eigentliche Gefahr für die Demokratie ausgeht, also wohlgemerkt von einer Rückkehr der Schwarzhemden, von denjenigen, die sich im 21. Jahrhundert offen zum Faschismus bekennen, mit einem kahl rasierten Schädel unterwegs sind, den *Saluto romano* zeigen und mit Fäusten und Prügeln auf ihre Opfer einschlagen. Solche Umtriebe sind natürlich hochgefährlich und müssen mit der ganzen Härte des Gesetzes bekämpft werden. Diese militanten und gewalttätigen Extremisten stellen nach meiner Überzeugung entgegen dem, wie sie sich selbst gern sehen, eben keine Avantgarde dar. Sie marschieren nicht an der Spitze historischer Prozesse, die in eine nahe Zukunft führen. Im Gegenteil sind sie wie eh und je eine Retrogarde. Eine ewige krakeelende und gewalttätige Nachhut.

Ich persönlich glaube allerdings nicht, dass die Demokratie heute vor einer Herausforderung steht, die ihr Überleben gefährdet, sie also in ihrer Existenz bedroht. Ich war nie der Überzeugung, dass der 100. Jahrestag des Marschs auf Rom am 28. Oktober 2022 einen zweiten Mord an unserer Demokratie, ihre Abschaffung ankündigen könnte. Der Vergleich des Wahlsiegs der Fratelli d'Italia mit Benito Mussolinis Machtergreifung, von einigen als ein »zweiter Marsch auf Rom« dargestellt, erschien mir zwar immer suggestiv, aber eben auch unbegründet. Der Faschismus der ersten Hälfte des 20. Jahrhunderts war meiner Ansicht nach überwiegend durch die damaligen historischen Verhältnisse bedingt, als eine politische Bewegung *der* Geschichte im doppelten Wortsinn, in der subjektiven und der objektiven Bedeutung des Genitivs – also ein Produkt der Geschichte und gleichzeitig ein Augenblick der plötzlichen Veränderung in der Geschichte. Deshalb sehe ich ihn nicht in der Lage, in derselben Form wiederaufzuerstehen.

Aber ich beobachte mit sehr vielen anderen seit einigen Jahren, dass sich an unserem gegenwärtigen Horizont eine neue Gefahr abzeichnet, welche die Demokratie in ihrer Qualität bedroht – und dies auch schon lange bevor die besonderen politischen Verhältnisse in Italien eine postfaschistische Partei an die Regierung brachten. Ich wiederhole: Es geht um eine Bedrohung für die Qualität des demokratischen Lebens, nicht um dessen Fortbestand. Diese Gefahr geht von dem weiten Umfeld der Parteien und Massenbewegungen aus, die wir konventionell als »populistisch« oder »souveränistisch« bezeichnen, also mit einer großen Gefolgschaft, die keineswegs in der Minderheit ist, sondern zuweilen sogar die Mehrheit stellt. Und von hier, so meine ich, muss auch die Abstammungslinie der heutigen Politik zum historischen Faschismus zurückverfolgt werden. Dies ist freilich keine direkte, sondern eine gewundene, die ähnlich wie ein Fluss im Karst verläuft, mit einem Wasser, das jahrzehntelang durch den Untergrund strömt, bis es wieder an die Oberfläche tritt, eine in vielen Fällen illegitime Abstammung in dem Sinn, dass sie keine gesicherte und ausdrückliche Anerkennung der Vaterschaft Mussolinis zulässt.

Das ist meine These: Die Bewegungen, die Parteien und vor allem die politischen Führer, die heutzutage die Demokratie in der uns bislang bekannten Form, also die vollständige, nämlich die liberale parlamentarische

Demokratie herausfordern, indem sie in Theorie und Praxis mit inhärent widersprüchlichen Formulierungen arbeiten, wie der von der »autoritären Demokratie« – seien es Italiener, Spanier, Franzosen, Deutsche, Brasilianer oder US-Amerikaner –, sind nicht Nachfahren des faschistischen, sondern des populistischen Benito Mussolini.

Und damit zusammenhängend gibt es noch eine zweite These: Mussolini war nicht nur der Erfinder des Faschismus, der die *Fasci italiani di combattimento*, die »Italienischen Kampfverbände«, und die Nationale Faschistische Partei gegründet hat. Er war auch der geistige Vater jener politischen Praxis, Kommunikation und Führung, die wir heute als souveränistischen Populismus bezeichnen.

Gerade deswegen muss eine geistige Verwandtschaft mit Mussolini nicht unbedingt bewusst und biografisch in dem Sinne sein, dass sie im politischen Leben dieser Führer verankert ist und dass diese sich offen zu ihr bekennen. Sie kann sich auch unbewusst und indirekt bemerkbar machen, in einigen Fällen als eine paradoxale Form der Nachfolge, bei der sich wie in einer Zeitumkehr Anschauungen und Praktiken in ihrer Entwicklung denen Mussolinis annähern. Nichtsdestotrotz handelt es sich um eine Verwandtschaft, die wir bei einer Analyse der politischen Vorgehensweisen der Führer populistischer und souveränistischer Bewegungen in dem, was sie denken, sagen, tun oder unterlassen, in einer klaren Handschrift, gut lesbar wiederfinden.

Diese These möchte ich mit zwei Anekdoten beispielhaft verdeutlichen.

Die erste spielt im November 1918. Der Erste Weltkrieg, diese Apokalypse mit ihren morastigen und blutigen Schlachtfeldern, welche die gesamte europäische Zivilisation in den Abgrund gerissen hat, ist seit wenigen Tagen zu Ende – ein kollektives Trauma, gut auf den Punkt gebracht von dem französischen Dichter Paul Valéry, der im darauffolgenden Jahr schreiben wird: »Wir Kulturvölker, wir wissen jetzt, dass wir sterblich sind.«

Die Gemetzel sind nun vorüber, und Italien, das einen enorm hohen Preis an Menschenleben bezahlt hat, gehört zu den Siegermächten. In Mailand, dem politischen Labor des neuen Jahrhunderts, gedenken die Menschen des Fünf-Tage-Aufstands, in dem sich die Bevölkerung der Stadt 1848 gegen den österreichischen Besatzer erhoben hat, in einer der anfänglichen Bewegungen des nationalen Erwachens, die zur Vereinigung des Landes, also zur Geburt der italienischen Nation führte. In diesen fünf ruhmreichen Tagen hat ein beinahe unbewaffnetes Volk aus allen Schichten fast spontan aufbegehrt, überall auf den Straßen Barrikaden errichtet – ein Großteil der Güter, die bisher die Innenräume geschmückt und in ihnen gedient hatten (Möbel, Gerätschaften und anderer Hausrat), landete kurzerhand im öffentlichen Raum – und so allein mit dem Mut der Verzweiflung eine Garnison des Heeres in die Knie gezwungen, das das mächtigste und gefürchtetste der Zeit gewesen war.

In diesem November 60 Jahre später und nach Ende eines erneuten monströsen Krieges gegen die Österreicher, der als das Schlusskapitel des *Risorgimento* propagiert wurde, erinnert sich Mailand am Denkmal des Fünf-Tage-Aufstands an diese Initialzündung für ein Heldentum, aus dem die Nation hervorgegangen ist. Auf dem Platz hat sich auch ein junger Politiker und angriffslustiger Journalist eingefunden, der bis zum Ausbruch des Krieges noch der sozialistisch-revolutionären Partei Italiens angehört hat und in deren radikalem Flügel er ein besonders beliebter Führer gewesen ist. Er wurde mit Schimpf und Schande aus ihr ausgeschlossen, weil er sich von den pazifistischen Positionen der sozialistischen Internationale verabschiedet und sich in die Reihen der Interventionisten gestellt hatte. Und dieser junge Politiker sucht nun nach einem neuen Weg an die Macht, nach einem neuen Volk, weil ihn das einstmals geliebte sozialistische verstoßen und sich so seinen erbitterten Hass zugezogen hat. Er heißt Benito Mussolini. In dieser Zeit ist Mussolini ein Heimatloser, der sich nach einem neuen Zuhause umschaut, ein Schauspieler, der ein neues Publikum braucht, und ein Abenteurer, der verbrannte Erde hinterlassen hat und bei den ehemaligen Genossen auf eine Mauer des Abscheus stößt. Ihn begleitet das bittere Bewusstsein, dass es kein Zurück gibt, und zugleich das aufregende Gefühl, in stürmischen Zeiten zu leben – Abenddämmerung und Morgengrauen zugleich –, in denen alles, buchstäblich alles, möglich ist. Formidable Zeiten, in denen »du am einen Tag aus dem Zuchthaus kommst und am nächsten Präsident des Ministerrats wirst«. Und dieser Mussolini hat nun vor dem Denkmal, das figurenreich die heroischsten Momente des Fünf-Tage-Aufstands feiert, einer dieser häufigen glanzvollen Einfälle, die ihm keiner absprechen kann. Was tut er? Er steigt urplötzlich auf den Lastwagen der Arditi.

Wer sind die Arditi? Und was bedeutet diese Geste, sich in dieses Transportmittel des Krieges zu ihnen zu setzen? Die Arditi waren Sturmtruppen, Spezialeinheiten des italienischen Heeres, die in den Vorkriegsjahren von der patriotischen Propaganda als echte Helden gefeiert wurden. Sie waren eine Elitetruppe und zugleich der Abschaum der Armee. Häufig aus den Reihen gewöhnlicher Krimineller rekrutiert, wurden sie vor die Alternative zwischen Militärdienst und Zuchthaus gestellt. Das reguläre Leben der Truppen in den Schützengräben blieb ihnen allerdings erspart – wie auch die zermürbenden und entsetzlichen Erfahrungen in der ersten Reihe, diese endlosen Morgengrauen und Nächte vor dem blutdurchtränkten Schlamm, inmitten einer Landschaft, die Jahre der Sturmangriffe und Bombardements in eine Wüste, ein *waste land,* eine von Mondkratern durchsäte und von irregewordenen Menschen bevölkerte Ebene verwandelt hatten. Die Arditi genossen ein »schönes Leben im Hinterland« – mit Huren, heillosen Besäufnissen und wilden Fressgelagen –, unter der Bedingung, dass sie einsatzbereit angetroffen wurden, wenn die bedeckten Lastwagen sie abholen kamen, um sie zu ihrem Einsatz – häufig einem Himmelfahrtskommando – zu fahren. Die Arditi wurden ihrer angeblichen Kriegstugenden wegen glorifiziert, obwohl diese denen des wackeren Soldaten grundsätzlich zuwiderliefen. Tatsächlich war um den Arditismus ein wahrhafter Mythos aufgebaut worden.

Man denke nur daran, dass dieser Mythos nach über einem Jahrhundert immer noch in italienischen Redewendungen nachklingt, auch wenn sich diejenigen, die sie benutzen, dessen nicht bewusst sind. Wer beispielsweise seine eigene Entschlossenheit und Kampfbereitschaft zum Ausdruck bringen will, greift gern zu diesem Bild: »Diese Prüfung bringe ich mit dem Messer zwischen den Zähnen hinter mich.« – »Ich decke den Mittelstürmer mit dem Messer zwischen den Zähnen.« Worauf geht diese italienische Redensart – *con il coltello tra i denti* – zurück? Auf den Ardito, der in einer bilderreichen Rhetorik als ein Kämpfer dargestellt wurde, der mit offenem Hemd – also entgegen den militärischen Kleidungsvorschriften – auf die feindliche Stellung zustürmt, mit einer Granate in der einen und einer Pistole in der anderen Hand, während er das Messer – die römische Waffe par excellence – zwischen den Zähnen in Bereitschaft hält.

An diesem Nachmittag im November 1918 ist der Mythos um den Arditismus allerdings schon am Verblassen. Während des Krieges von der nationalistischen Propaganda als Helden gefeiert und bejubelt, werden die Arditi mit der Wiederkehr des Friedens an den Rand gedrängt und einer demütigenden Form der Verabschiedung unterzogen. Sie, die niemals im Schützengraben saßen, keine Geländemärsche absolvierten und nicht der harten und stumpfsinnigen Militärdisziplin unterlagen, müssen nun vor ihrer Entlassung wochenlang bei Regen marschieren. Am Ende werden sie ohne jede Feierlichkeit verabschiedet, ohne jedes ehrenvolle Ritual und fast schon heimlich. Wie eine treulose Magd vom Hof gejagt, wird Mussolini sagen.

Warum? Weil es professionelle Gewalttäter sind, nicht durchweg, aber vielfach gewöhnliche Kriminelle, von denen es heißt, sie seien vor die Wahl gestellt worden, ihre Strafe im Zuchthaus abzusitzen oder sich den Sturmtruppen anzuschließen. Weil Männer, die darauf abgerichtet wurden, Gewalttaten zu begehen, sich in ein friedliches ziviles Leben nur schwer wieder eingliedern lassen. Deswegen werden sie ins Abseits gedrängt, versteckt und sogar gedemütigt. Das Vaterland braucht ihre Handgranatenwürfe, ihre Pistolenschüsse aus allernächster Nähe, ihre Stiche mit dem zwischen den Zähnen bereitgehaltenen Messer jetzt nicht mehr. Und es schämt sich sogar für sie.

Aber da ist Benito Mussolini, der kein Volk hat und sich nach einem neuen Publikum, einem neuen Weg an die Macht umschaut. Die Arditi sitzen vor dem Denkmal des Fünf-Tage-Aufstands auf einem der Lastwagen, mit denen sie an die Front gefahren wurden, wenn es eine feindliche Stellung zu erstürmen galt, samt ihren schwarzen Fahnen mit dem schauerlichen Emblem, einem Totenkopf mit einem Dolch zwischen den Zähnen. Und das ist Mussolinis Intuition: Diese professionellen Krieger, die jetzt, da Frieden ist, keiner mehr haben will, diese jäh abgestürzten Helden, die nun Ausgestoßene sind, diese Gewalttäter, die sich scheinbar keiner geordneten Disziplin unterwerfen lassen, sind Mastiffs des Krieges auf der Suche nach einem neuen Herrn. Vor allem – und dies ist der innovativste und leider auch weitsichtigste Teil der Intuition des künftigen Duce – darf und muss das Volk, nach dem er sich umschaut, eine Armee sein. Eine politische, persönliche und private. Eine Miliz, in der sich Militanz und Militarismus passgenau decken. Eine Kriegsmaschine in Zeiten des Friedens, die den Frieden nicht erhalten, sondern den Krieg dadurch verlängern soll, dass sie die Gemetzel jetzt in die städtischen Straßen trägt. Und so nimmt sich Benito Mussolini dieser Streuner an, indem er physisch und nicht nur metaphorisch in ihren Karren steigt.

Was geschieht danach? Die folgende Szene – der Romancier sei mir verziehen – spielt sich in einer Osteria ab: in Strömen fließender Wein, Gesänge, Uniformen, Kameradschaftsrituale, männliche Loyalitätsbekundungen, Schulterklopfen, Händeschütteln und Arditi, die Mussolini die Treue schwören. (Es sei daran erinnert, dass dieser schon damals ein Volkstribun, eine bekannte und sogar berühmte Figur war.) Und Mussolini, der später systematisch alles und jeden und vor allem sich selbst verraten wird, verspricht diesen jetzt ziellos dastehenden Kriegern lebenslange Loyalität. Und er besteht darauf, sie in seiner Zeitung – der *Popolo d'Italia*, auf sie kommen wir zurück –, die ihm als persönliche Tribüne dient, zu verteidigen, indem er die schäbige und unrühmliche Behandlung geißelt, die ihnen dieser italienische Staat, das undankbare Vaterland zukommen ließ. In dieser journalistischen Polemik schürt und benutzt Mussolini die Gefühle der Enttäuschung und des Verrats, die unter den italienischen Kriegsheimkehrern – Exsoldaten einer Armee, die sich trotz ihres militärischen Erfolgs geschlagen fühlen – weitverbreitet ist, meisterhaft zusammengefasst im Wort vom »verstümmelten Sieg«, eine geniale sprachliche Erfindung Gabriele D'Annunzios, dem Mussolini nicht von ungefähr die Rolle des Führers der Versprengten streitig machen wird.

Und hier kommen wir zu einem der Ursprünge des Faschismus, zum wichtigsten im Kanon: zur uranfänglichen Verbindung zwischen ihm und der systematisch betriebenen, ostentativ zur Schau getragenen und mörderischen politischen Gewalt. Diese Berufskrieger, die wie Kampfhunde mit Blutgeruch scharfgemacht wurden, die sich in kein ziviles Leben in Friedenszeiten mehr einfügen können und die fortan von der Gewalt und für die Gewalt leben, werden tatsächlich den harten Kern der faschistischen Squadristen bilden.

Welche Bedeutung den Arditi bei der Gründung der faschistischen Bewegung zuerkannt wurde, zeigt die Tatsache, dass der Sitz des Verbands der Arditi d'Italia (der sich im hinteren Teil einer Weinhandlung in der Via Cerva im heute verrufenen Viertel Bottonuto traf), der Legende nach mit dem numinosen Namen *covo numero 1*, »Nest« oder »Bau Nummer 1«, bedacht wurde. Dagegen musste sich die Redaktion von Mussolinis Tageszeitung *Il Popolo d'Italia*, des offiziellen Presseorgans des Faschismus, die in der Via Paolo da Cannobio untergebracht war und wo er auch sein Büro hatte, mit der Bezeichnung *covo numero 2* begnügen. Und um zu verstehen, welche aktive und entscheidende Rolle die

Ex-Arditi bei der Geburt des Faschismus gespielt hatten, denke man nur an den Frühsommer 1924: Als in Rom der Beschluss fiel, Giacomo Matteotti zu ermorden, den letzten offen auftretenden erbitterten Opponenten im Parlament, rief der mit der Aufgabe betraute Amerigo Dùmini vier berüchtigte Mailänder Ex-Arditi aus der Via Cerva herbei, um diese Schmutzarbeit zu erledigen.

Aber zurück zum symbolträchtigen Akt, der zur Gründung führt. Die Chronologie ist beredt: Am 10. November 1918, nach dem Siegeszug zum Denkmal des Fünf-Tage-Aufstands, steigt Mussolini in den Lastwagen der Arditi. Wenige Monate später, am 23. März 1919, werden in Mailand an der Piazza San Sepolcro die Italienischen Kampfverbände gegründet, in einem Saal, der von der Industriellenvereinigung Circolo dell'Alleanza industriale e commerciale angemietet wurde. Dies ist die offizielle Geburtsstunde des Faschismus.

Wie viele Personen nehmen an dieser ersten Gründungsversammlung der faschistischen Bewegung teil? 100. Nicht einmal. So beginnt der Faschismus. Mit einem Fiasko. Wegen der geringen Nachfrage haben die Organisatoren die Zusammenkunft im ursprünglich gebuchten Saal des Teatro Dal Verme mit seinen 1000 Sitzen absagen müssen. Festgehalten werden muss, dass unter den teilnehmenden 100 auch bekannte Personen, einige Kleinunternehmer, sogar wenige Künstler, sowie eine Handvoll revolutionärer Gewerkschafter und verzweifelter Gazettenschreiber vertreten sind, vor allem aber ehemalige Arditi, die Profis der Gewalt.

Die Gewalt wird für immer den ursprünglichen Glanz des Faschismus ausmachen und ihn in jedem Augenblick bis ans Ende seiner Geschichte begleiten, bis zum apokalyptischen Untergang im Zweiten Weltkrieg. Die Gewalt ist das Alpha und Omega des Faschismus.

Seine Anfänge liegen dort, im Bau Nummer 1, dem Sitz der Arditi. Am Anfang steht folglich die Gewalt. Der Ursprung des Faschismus, sein Fundament liegt in der Erfahrung der Schützengräben, in den drei Jahren, die junge Männer inmitten eines Morasts zubrachten, in dem sie aßen, tranken und rauchten und in dem die Leichen ihrer Kameraden verwesten. Der *Männerbund,* das virile Band zwischen Waffenbrüdern, bildete die Grunderfahrung der faschistischen Anthropologie. (Und dies ist auch der Hauptgrund, warum sich der Faschismus in der damaligen Form im heutigen Westeuropa nicht wiederholen kann: Weil dieses mit über 70 Jahren des Friedens gesegnet und mit drei Generationen bevölkert ist, die die Kriegsgewalt nicht persönlich miterlebt haben.)

Diese uranfängliche Verbindung zwischen Gewalt und Faschismus ist zwar ein wesentlicher Zug, der auf keinen Fall vergessen oder unterschätzt werden darf. Aber wenn wir bei ihm Halt machten, würden wir den Faschismus nicht verstehen. Denn allein mit der systematischen Ausübung einer neuen Form von politischer Gewalt wäre er niemals an die Macht gelangt. Mussolini – das ist richtig, voll und ganz – hat Italien mit seinen zu Schlägertrupps organisierten Arditi vergewaltigt, ihm aber nicht nur Gewalt angetan, sondern es auch verführt. Beide Aktionen liefen simultan: Der künftige Duce hat Italien verführt, während seine Kampfhunde über es herfielen.

Auch war die Brutalität, die der Vergewaltigung zu eigen ist, dem Verführungswerk keineswegs fremd. Hier standen sich nicht Gewalt und Verführung auf gegnerischen Seiten gegenüber. Im Gegenteil wurde diese besondere Form der faschistischen Gewalt leider selbst zu etwas Verführerischem, zu einem Objekt der politischen Begierde: Sehr viele Vertreter des nationalen Kleinbürgertums erschraken zwar vor ihr, sahen in ihr aber auch die ersehnte Lösung für eine gesellschaftliche Krise, die anders nicht lösbar erschien. Und so verführte der von Mussolini orchestrierte Squadrismus zunächst Italien und dann die Welt. Wie wir beispielsweise nicht vergessen dürfen, diente der Gründervater des Faschismus als ein Vorbild für Adolf Hitler, wie auch für zahlreiche weitere Führer europäischer und amerikanischer autoritärer politischer Bewegungen.

Der Faschismus hat somit einen zweiten Ursprung, eine zweite Wurzel, die wir im Blick behalten müssen, weil wir andernfalls Gefahr laufen, ihn zu verkennen: Es ist die Verführung neben, gemeinsam mit und während der Gewalt. Von diesem zweiten Ursprung erzählt eine weitere Anekdote.

Am 17. November 1919, also wenige Monate nach der Gründungsversammlung der faschistischen Kampfverbände, finden in Italien die ersten freien Wahlen der Nachkriegszeit statt. (Frei sind sie lediglich bedingt, denn nur Männer dürfen wählen, was aus unserer Sicht schon mehr als genug ist, um als undemokratisch gelten zu können.) Wie eingangs erwähnt, wird das politische Klima von denen bestimmt, die alles für machbar und möglich halten und sich schon kurz davor sehen, »die Geschichte im Sturm zu erobern« (eine typische Formulierung des Faschismus, die seine Beziehung zur Geschichte ausdrückt, aber der sozialistische »Feind« kann sich ihr vollkommen anschließen). Der Weltkrieg ist gerade erst zu Ende gegangen, drei uralte Reiche sind zusammengebrochen und mit ihnen im Verlauf weniger Wochen drei Dynastien, die über Jahrhunderte Europa beherrscht haben. Die sozialistische Bewegung kündigt die Weltrevolution an. In Russland war sie schon siegreich. Kann alles geschehen? Es ist einer der seltenen Momente, in denen – wie Italo Calvino mit Blick auf die zweite Nachkriegszeit sagen wird – man das Gefühl hat, »einen Sinn des Lebens als etwas« in sich zu tragen, »das wieder von vorn beginnen kann«. Es herrscht ein fieberhaftes Klima, die Ereignisse überschlagen sich und lassen einen wie in den Nächten im Schützengraben apokalyptisch erschauern.

Nachdem Mussolini ausgiebig gepredigt hat, dass die Scheindemokratie an den Urnen nur Verachtung verdiene, und bekräftigt, dass die Faschisten gar nicht daran denken, sich an diesem Theater zu beteiligen, kandidiert er nach einem dieser opportunistischen und skrupellosen Richtungswechsel, die seinen Politikstil kennzeichnen (das sehen wir in Kürze) erstmals auf einer Liste der Bewegung, die er wenige Monate zuvor mit 100 Personen an der Piazza San Sepolcro gegründet hat. Sie heißt noch nicht Partito Nazionale Fascista, sondern erst einmal Movimento dei Fasci di combattimento, die »Bewegung der faschistischen Kampfverbände Italiens«. Auf dieser Liste, in aller Eile improvisiert, um D'Annunzio (der als Anführer der Besetzung von Fiume wieder im Aufwind ist) die Führung über die Heimkehrer des Großen Krieges streitig zu machen, tauchen auch prominente Persönlichkeiten auf: Neben Mussolini Filippo Tommaso Marinetti, der Erfinder des Futurismus, ein auf seine Weise genialer Mann, sowie Arturo Toscanini, der große Orchesterdirektor, ein schon einigermaßen berühmter Maestro, der wenige Jahre später zu einer internationalen Symbolfigur des Antifaschismus werden wird. Im febrilen Klima dieser Tage schaut er allerdings noch mit Interesse und Sympathie auf diese ungestümen jungen Männer, die entschlossen sind, die Welt zu verändern und die Macht vom Gerümpel des 19. Jahrhunderts zu befreien. Und er finanziert sie sogar.

Achtung: Wie heißt die Liste, mit denen sich die ersten Faschisten zur Wahl stellen? Sie trägt den symbolträchtigen Namen »Block Thévenot«. Was ist eine Thévenot? Eine sogenannte Petarde, Vorläufer der Handgranate. Die Faschisten kandidieren bei der Parlamentswahl folglich mit einer Liste, auf der als Symbol die Sprengwaffe abgebildet ist, mit der die Sturmtruppen im Ersten Weltkrieg gekämpft haben. Deutlicher hätten sie ihre Absichten nicht darlegen können.

Wie geht diese Wahl für Mussolini aus? Mit einem Desaster, einer krachenden Niederlage: Die faschistischen Kampfverbände mit ihrer Liste erhalten in ganz Italien lediglich 4657 Stimmen. 4.657. Weniger als wenig. Sie erringen kein einziges Mandat, sogar Mussolini geht leer aus. Der Spitzenkandidat bekommt nur 2427 Stimmen. Im gesamten Land.

Und die andere Seite? Wie endet der Urnengang für die gegnerische, erklärt revolutionäre Formation, die entschlossen ist, die Wahl des demokratischen Systems provisorisch als ein Instrument mit dem einzigen Ziel zu nutzen, es anschließend abzuschaffen? Die Italienische Sozialistische Partei, aus der Mussolini ursprünglich hervorging, aus der er ausgeschlossen wurde und die jetzt sein Hauptfeind ist, erhält mehr als 1,8 Millionen Stimmen. Beachten Sie das Ungleichgewicht: auf der einen Seite über 1,8 Millionen Stimmen, ein überwältigender Erfolg, Volksmassen, die unter einer gemeinsamen Fahne, der roten der proletarischen Revolution, marschieren, und auf der anderen diese paar abgerissenen, irrsinnigen und gewalttätigen Kriegsheimkehrer. Frustrierende 4657 Stimmen haben sie eingefahren. Ihre Petarde ist ihnen um die Ohren geflogen.

Zu diesem Zeitpunkt sehen viele den Politiker Benito Mussolini am Ende. Die ehemaligen sozialistischen Genossen inszenieren in der Via Paolo da Cannobio, unter den Fenstern des Direktors von *Il Popolo d'Italia,* dessen Scheinbegräbnis in einem offenen Sarg. Sie verhöhnen den Verräter, den geschlagenen Exgenossen, übergießen ihn mit beißendem Spott. Benito Mussolini, der hinter den Musselin-Vorhängen versteckt durch das Fenster späht, muss mitansehen, wie er als Popanz auf einer Welle sarkastischer und triumphaler Studentengesänge in einer Prozession durch die Straße getragen wird. In der *Avanti!,* der symbolträchtigen Tageszeitung des Sozialismus, die der Gründer des Faschismus bis zum November 1914 stolz geleitet hat, erscheint eine höhnische Kurzmeldung, *fake news,* wie wir heute sagen würden: »Leiche eines Unbekannten im Kanal aufgetaucht. Es soll sich um Benito Mussolini handeln.«

Die boshafte Falschnachricht klingt für alle wie ein authentischer Nachruf auf eine beendete politische Karriere. Und nun stellen Sie sich vor: Luigi Albertini, Inhaber und Direktor des *Corriere della Sera*, einer der bedeutendsten Vertreter des liberalen Denkens im damaligen Italien, setzt sich beim Ministerratspräsidenten Francesco Saverio Nitti dafür ein, dass Benito Mussolini aus dem Gefängnis freikommt.

Warum ist Mussolini in Haft? Was ist geschehen? Die Carabinieri sind am Tag nach den Wahlen bei einer Durchsuchung der Redaktionsräume von *Il Popolo d'Italia* auf Pistolen, Schlagstöcke und Handgranaten gestoßen. Benito Mussolini ist deswegen unter dem mehr als begründeten Verdacht verhaftet worden, eine kriminelle Vereinigung ins Leben gerufen zu haben. (In den Stunden zuvor hat Albino Volpi, ein berüchtigter Mailänder Ex-Ardito und Protosquadrist, der spätere Mörder Giacomo Matteottis, zwei Handgranaten aus diesen Beständen in den Demonstrationszug der feiernden Sozialisten geworfen und damit auch Frauen und Kinder verletzt.)

Nach der krachenden Wahlniederlage ist dies ein Schlag, der dem Faschismus gleich zu Beginn das Ende hätte bereiten können (oder müssen?). Der soeben geborene Faschismus steht kurz vor dem Tod. Doch leider stellt Luigi Albertini angesichts der faschistischen Gefahr eine Form von Blindheit unter Beweis, die sich in den Folgejahren unter den liberalen Denkern immer wieder zeigen wird: Er eilt dem illiberalen Feind zu Hilfe. In seinem eleganten Büro in der Via Solferino in

Mailand, inmitten kostbarer Hölzer und erlesener Metallverzierungen im Jugendstil, ruft er in Rom den Präsidenten des Ministerrats an: »Hören Sie, Nitti«, sagt er ihm, »lasst diesen Mussolini frei. Der ist doch schon ein Wrack. Machen wir keinen Märtyrer aus ihm.« Und die in Rom leiten seine Freilassung in die Wege, die am 19. November 1919 erfolgt.

Und nicht nur Albertini, Nitti und die Sozialisten halten Benito Mussolini für politisch erledigt. Allen voran hielt er selbst sich dafür. Dies bezeugt seine wichtigste Geliebte und Mentorin in dieser Zeit, Margherita Sarfatti, eine Vertreterin des Mailänder Großbürgertums, Ehefrau eines bekannten Anwalts, der für den Sozialismus schwärmt, und Tochter eines steinreichen venezianischen jüdischen Unternehmers. Diese Frau von feiner Bildung, Kunstsammlerin und -expertin, die bei hochgestellten Persönlichkeiten verkehrt, fördert den politischen Aufstieg dieses »Wilden« aus der Provinz schon länger, zivilisiert ihn so gut es geht, bringt ihm Kultur nahe und führt ihn in die führenden Mailänder Kreise ein. Bei ihr im verschwiegenen Schlafgemach macht Mussolini seiner Frustration Luft: »Aus, Schluss mit der Politik! Ich kann nicht mehr, mir reicht's endgültig: Ich sattle um. Ich kann mich auch als Geiger an die Straße stellen.« (Mussolini spielte das Instrument tatsächlich.) »Ich kann Komödien schreiben oder einen Roman.« (Wer nicht weiterweiß, kommt aus irgendeinem Grund auf den Gedanken, einen Roman zu schreiben.) Margherita Sarfatti tröstet ihn, berät ihn, spornt ihn an, und Mussolini überlegt es sich anders.

Nehmen wir uns nun nochmals die zeitliche Abfolge der Ereignisse vor. Am 19. November 1919 sehen Mussolini alle, auch er sich selbst, als einen Politiker am Ende an. Und im Oktober 1922, nur zwei Jahre und elf Monate später, droht er mit seinen Squadristen, die vor den Toren der Hauptstadt lagern, mit einem gewaltsamen Umsturz. Aus Mailand bequem im Liegewagen angereist, weil ihn König Viktor Emanuel III. herbeigerufen hat, steigt er am 28. des Monats die Marmortreppen des Quirinalspalasts in Rom empor und erhält von Seiner Majestät den rechtmäßigen Auftrag, seine erste Regierung zu bilden. Damals ist dieser Sohn eines Schmieds, gebürtig in einer Kleinstadt in einer gottverlassenen Gegend in der italienischen Provinz, gerade einmal 39 Jahre alt. Dies geschieht, um es zu bekräftigen, auf dem Höhepunkt des sogenannten Marschs auf Rom – eines bewaffneten Aufstands, den die Armee bequem hätte niederschlagen können, wäre dies vom König nur angeordnet worden – Ende Oktober 1922, also nur knapp drei Jahre, nachdem Mussolini im Jahr 1919 verheerende Wahlergebnisse eingefahren hat, verhaftet worden ist und fast einhellig als ein nichtsnutziger Aufwiegler für politisch tot erklärt wurde. Dieses Wiederaufleben des Faschismus wirft folglich die Frage auf:

Wie konnte es geschehen, dass ein ziemlich ungehobelter und ignoranter Kerl, Sohn eines Schmieds, also ein Sohn des Volkes, fast ohne Erfahrung und aus dem Nichts aufgetaucht, mit 39 Jahren zum jüngsten Staatschef Europas und vielleicht der gesamten Welt aufstieg? Wie konnte er, der aus der Sozialistischen Partei ausgeschlossen worden war und den noch drei Jahre zuvor alle für politisch gescheitert hielten, an eine Macht gelangen, die er offiziell und legal aus den hehren Händen des Königs von Italien entgegennahm?

Die Antwort liegt vielleicht in dem anekdotisch überlieferten Geschehen vom März 1919, in Mussolinis Sprung auf den Lastwagen der Arditi: Sie liegt in der Gewalt, der ideologisch orientierten einer bewaffneten Miliz, die erstmals mit einer politischen Partei identifiziert wird, in der Androhung von mörderischer Gewalt. Diese Antwort ist sicherlich zutreffend. Aber auch wenn die Macht der Gewalt weder vergessen noch unterschätzt werden darf, glaube ich nicht, dass sie als Antwort reicht, um das Geschehene, das Unerklärliche zu erklären. Um ein richtiges Verständnis zu gewinnen, dürfen wir in Mussolini, wie gesagt, nicht nur den Vergewaltiger, sondern müssen in ihm auch den Verführer Italiens sehen. Und dieser Verführer Mussolini deckt sich nicht mit dem erschreckend gewaltbereiten Squadristen, er fällt nicht mit dem Faschisten im engeren Sinne zusammen. Mussolinis zweites Gesicht ist das des Populisten.

Nur wenn wir hinter der faschistischen Maske neben den martialischen Tönen auch die schmeichelnden des Populisten wiederentdecken, finden wir eine damals wie heute geltende Erklärung für den rasanten Zuwachs an Zustimmung, der es möglich macht, dass ein einstmals Marginalisierter die Macht im Sturm erobert.

II.
POPULISMUS

Populismus ist ein vager, allgemeiner Begriff, der häufig ungenau und manchmal sogar missverständlich gebraucht wird. Ein Wort, auf das man wie eine exorzistische Beschwörungsformel zurückgreift, wenn man vor einer unfassbaren, gespenstischen und beunruhigenden Realität steht. Wir tragen es wie in einer Prozession vor uns her, so wie man einst in südlichen Ländern angesichts einer Katastrophe oder einer Hungersnot mit der Statue des Schutzheiligen durch die Dörfer zog. Wir müssen vorsichtig (und sogar sparsam) mit ihm umgehen.

Was mich betrifft, der ich mich schon seit mehreren Jahren erzählerisch darum bemühte, Mussolini aus dem Blickpunkt eines Schriftstellers des 21. Jahrhunderts verständlich zu machen, so zeichneten sich für mich einige Merkmale ab, die tauglich sind, um die politische Physiognomie des Populismus und insbesondere dessen Führungsstil zu umreißen. Diese Kennzeichen tauchten bei einem bifokalen, sich gleichzeitig auf die Vergangenheit und die Gegenwart richtenden Blick vor meinen Augen auf und nahmen die Gestalt wahrhafter Regeln, also normativer Handlungsanleitungen, an. Es sind die Leitsätze, Vorgehensweisen und politischen Techniken, die es vor 100 Jahren möglich machten, dass der Führer des Faschismus, im Verbund mit der squadristischen Gewalt, Italien verführte, nachdem er es vergewaltigt hatte und sogar noch während er ihm Gewalt antat.

AUTORITÄRE PERSONALISIERUNG

»*Ich* bin das Volk« – lautet die erste Regel des mussolinischen Populismus. Der Populismus Mussolinis – wie der aller populistischen Führer bis heute – beginnt mit dieser Behauptung, die an sich schon selbstherrlich, anmaßend und unlogisch ist. Aber Mussolini beschränkt sich nicht auf sie. Völlig unbeirrt davon, dass er sich in einen logischen und grammatikalischen Widersinn verstrickt, versichert er auch noch das Umgekehrte: »Das Volk, das bin ich.« Während die erste Behauptung eine gewagte, unpassende und schon gefährliche synekdochische Gleichsetzung (der Teil steht für das Ganze) darstellt, reduziert die zweite eine ungeheure Vielzahl von Menschen gewaltsam auf die Einzahl eines charismatischen Führers.

Der Begriff »Populist« stellt einen dieser Fälle dar, in denen das Wort alles sagt. Alles und nichts. Mit der Umbenennung des Einzelnen auf den Namen einer kollektiven Einheit dampft er eine Gesamtheit auf das Fast-Nichts eines einzelnen Individuums ein. »Populist« heißt: Ich bin das Volk, das Volk, das bin ich.

Dieses allesfressende »Ich« ist jedem Gedanken, jeder Argumentation und jedem Programm vorangestellt. Es geht mit der größtmöglichen Personalisierung des gesamten politischen Angebots einher. In Benito Mussolinis Fall kündigt sich die Einführung dieses »omnivoren Ichs« in die Politik mit einer Revolution in der Zeitungssprache an. Man entdeckt sie, wenn man seine Artikel wieder liest, die den damaligen Journalismus mit durchschlagender Wirkung und auf ihre Art brillant auf den Kopf stellten. Und vor allem, wenn man sie mit den Texten vergleicht, die im italienischen Pressewesen zu Anfang des 20. Jahrhunderts noch vorgeherrscht hatten: Sie waren noch ganz von der literarischen Kultur des 19. Jahrhunderts geprägt gewesen.

Benito Mussolini vergaß nie, dass sein Werdegang im Journalismus begonnen hatte. (Während der gesamten beiden Jahrzehnte seiner Diktatur blieb er der Inhaber und über Stellvertreter auch der Leiter der von ihm gegründeten Zeitung.) Und auch wir sollten dies nicht vergessen: Der Agitator aus Predappio trat zunächst als Journalist auf die nationale Bühne. Bevor er *Il Popolo d'Italia* gründete, war er aus der Provinz nach Mailand gerufen worden, um *l'Avanti!* zu leiten, das Presseorgan des Sozialismus und eben jene Zeitung, deren Redaktionsräume im April 1919 von den protofaschistischen Squadristen gestürmt und in Brand gesetzt werden sollten.

Verdient hatte sich der künftige Duce diese Beförderung mit einem sensationellen Auftritt, den er auf dem sozialistischen Parteitag in Reggio Emilia absolviert hatte. Dabei griff er einige ältere Parteipatriarchen des moderaten Flügels mit brutaler Heftigkeit als Verräter an, weil sie dem König, der bei einem Attentat verletzt worden war, einen Höflichkeitsbesuch abgestattet hatten. Er nagelte sie auf Widersprüche fest, beschimpfte und beleidigte sie sogar – mit einer ekstatischen Rhetorik, untermalt mit einer aufgebrachten Gestik. Er brüllte, polterte und hieb mehrfach fluchend mit Fäusten auf das Rednerpult ein.

Das Publikum war gespalten. Einige hielten ihn für einen Verrückten (»der ist irr«, lautete ein Urteil), andere sahen in ihm die Zukunft. (»Benito Mussolini, den Namen musst du dir merken: Das ist der Mann der Zukunft«, schrieb der Mailänder Delegierte und Anwalt Cesare Sarfatti seiner Frau Margherita, die dies denn auch beherzigte.) Jedenfalls bekam Mussolini die Leitung der Zeitung des Sozialismus übertragen, und sicher nicht zufällig bestand sieben Jahre später die erste gewalttätige Aktion der faschistischen Squadristen darin, den Mailänder Sitz von *l'Avanti!* zu stürmen und in Brand zu stecken, im Verbund mit Nationalisten, Arditi und Futuristen sowie der passiven Komplizenschaft der Ordnungskräfte, wobei es Tote und Verletzte gab. Die Angreifer trugen das Aushängeschild der Redaktion wie eine Trophäe, eine dem Feind entrissene Fahne, zu Mussolini, der in seinem Direktionsbüro von *Il Popolo d'Italia* wenige Straßenzüge entfernt wie gewohnt den Ausgang der Aktion abwartete, ohne sich persönlich zu exponieren. »Dieses Datum markiert den ersten Tag unseres Bürgerkriegs«, verkündete begeistert der künftige Diktator, als er inmitten einer Schar entfesselter Mörder das Schild seiner ehemaligen Zeitung in Händen hielt – und sich so gleichsam mit Fußtritten von seiner jüngsten Vergangenheit verabschiedete.

Dies kann wahrscheinlich als eine dritte Schlüsselszene in der Geschichte des faschistischen Abenteuers gelten, genauer gesagt als ein Auftakt zu der populistischen Verführung, die mit diesem immer einherging. In ihr haben die beiden Hauptwaffen, dank derer Benito Mussolini die Macht eroberte, einen symbolträchtigen gemeinsamen Auftritt: die physische Gewalt der Squadristen und die rhetorische Schlagkraft der Massenkommunikation. Knüppel und bedrucktes Papier.

Blicken wir nun auf die sprachliche Revolution, die Mussolini in den Journalismus trägt.

Sie besteht vor allem aus kurzen Sätzen, äußerst knappen, die syntaktisch elementar aufgebaut sind: Subjekt, Prädikat, Adverb, Objekt. Jeder Satz ein denkwürdiger Ausspruch, vollständig zitierbar und immer ein Slogan. Doch damit nicht genug: Jeder Satz musste auch außerhalb seines Kontextes bequem zu verstehen sein. Die Sprache des Journalisten Mussolini gab sich frei, zügellos, ungebunden und unabhängig von jedem Zwang zur Kohärenz: Nirgendwo zeigen seine Artikel ein Bemühen um eine faktische Übereinstimmung mit dem, was er einen Tag, einen Monat oder ein Jahr zuvor gesagt hat, und auch nicht mit dem, was er am nächsten oder übernächsten Tag behaupten wird; und ebenso wenig ein Bemühen um eine ontologische Kohärenz, also darum, seine Worte in der Wirklichkeit zu verankern. Und dabei ist seinen großsprecherischen, hinausposaunten und häufig prahlerischen Behauptungen immer das Pronomen der ersten Person Singular vorangestellt: *Ich* sage, *ich* verspreche, *ich* drohe ... ich, ich, ich. Wieder der Personalismus. Und diesmal setzt sich der sprachliche Personalismus an die Stelle des komplexen, kontroversen und mühseligen diskursiven Pluralismus, tritt der subjektive Voluntarismus an die Stelle der objektiven rationalen Überlegung, besetzt das Wort des charismatischen Führers den Platz der bitteren Realität. Man könnte sagen, dass diese Artikel die Vorläufer der mit Tweets betriebenen Politik seien, und würde sich nicht täuschen.

Ich. Ich bin das Volk. Und Mussolini war sicher ein Sohn des Volkes. Kaum hat er die Leitung von *l'Avanti!* übernommen, kürzt er – bei ihm eine typisch demagogische Geste – sich selbst das Gehalt, schreibt scheinbar in der Sprache des Volkes und steigert damit den Absatz des Blattes auf das Vierfache.

Vor diesem Sohn des Volkes hat Claudio Treves die Zeitung geleitet, ein bedeutender Vertreter der nationalen Führung, gebildet und feinsinnig, ein Intellektueller bürgerlicher Herkunft. Als einer von wenigen Privilegierten dieser Zeit hat er seine Liebe zur Sache der Unterdrückten entdeckt und sich dieser verschrieben. Wenn man die Artikel von Treves liest, versteht man besser, was an Mussolinis neu eingeführtem sprachlichen Populismus so brisant war. Treves hatte im Namen des Volkes geschrieben, aber in einer gebildeten, gelehrten und komplizierten Prosa, mit einer Vielzahl an Konsekutiv- und anderen Nebensätzen. Er schrieb, kurzum, im Namen des Volkes, aber in einer für das Volk nur schwer verständlichen Diktion. Dagegen drückte sich Mussolini selbst noch in der Zeit, als er den Faschismus in den Dienst der industriellen und agrarischen Ausbeuter des Proletariats stellte, seine Pfeile gegen die Vertreter der volkstümlichen Schichten verschoss und seine Squadristen auf sie hetzte, immer noch in einer Sprache aus, die von den einfachen Leuten bestens verstanden wurde. (Der unversöhnliche Hass zwischen Treves und

Mussolini eskalierte an einem Punkt dahingehend, dass sie sich mitten im Ersten Weltkrieg duellierten. Als blutiger Austragungsort diente ein verfallener Bauernhof im Viertel Bicocca am Rand von Mailand. Die Kontrahenten gaben im Wechsel insgesamt sechs Schüsse ab und erlitten beide Verletzungen.)

Ich. Ich bin das Volk. Achtung, für diese Behauptung gilt, wie erwähnt, immer auch das Umgekehrte: Das Volk bin ich. Das Volk mit seinen Millionen Menschenleben wird zunächst zu einer Masse reduziert, die dann zu einer Einzelperson zusammengestaucht wird. Es ist also offensichtlich, dass sich der mussolinische Populismus allein schon anhand dieser ersten Regel als eine stark antidemokratische Richtung definieren lässt. Populär, hyperpopulär und antidemokratisch. Weil ich und nur ich das Volk bin, gehört jeder, der nicht auf meiner Seite ist, nicht zum Volk, ist gegen das Volk, steht außerhalb des Volkes und ist sein Feind.

Getreu seiner ersten Regel wird der populistische Führer jede politische Position, die seiner zuwiderläuft, nicht nur als eine gegen die nationalen Interessen verstoßende, sondern sogar als eine außerhalb der nationalen Gemeinschaft stehende stigmatisiert. Als eine antiitalienische, antiamerikanische, antifranzösische und so weiter. Allein dies wird genügen, um diese angeblich gegen die Nation gerichtete Position für illegitim, ja für illegal zu erklären. Wer sie vertritt, erntet nicht nur

Kritik, er setzt sich persönlichen Angriffen aus, wird beleidigt, als Volksfeind gebrandmarkt, als Verräter ausgemacht und muss als Zielscheibe für den Volkszorn herhalten. Im Extremfall wird er für vogelfrei erklärt.

ANTIPARLAMENTARISCHE POLEMIK

Bevor der mussolinische Populismus in seiner Aufstiegsphase diesen Punkt erreicht, muss er allerdings erst einmal erbittert gegen das Parlament polemisieren. Der rhetorische Angriff auf die Demokratie erfolgt über die antiparlamentarische Propaganda. Wieso? Weil das Parlament die Masse in der Pluralität repräsentiert: Es ist der Ort der 1000 Unterschiede, der widerstreitenden Interessen, der vielfältigen Positionen, die sich gegnerisch, unterscheidbar, ja mitunter unversöhnlich gegenüberstehen. Das Parlament ist das Heiligtum der zähen, langwierigen Kunst der Demokratie, der Tempel ihrer fragilen Schönheit. Aber wenn ich das Volk bin, und wenn das Volk ich bin, dann ist die parlamentarische Debatte Zeitverschwendung, ist das Parlament ein Ort der Korruption, der pathologischen Degeneration, der Unzulänglichkeiten, Räubereien und Kastenprivilegien, Zentrum eines überflüssigen chronischen Chaos. Ihm blüht das Schicksal der Schwachen, der Unfähigen.

Nicht von ungefähr steht die rabiate Polemik, die das

Parlament als eine überflüssige Verkomplizierung, als einen Hort der Korruption und des Betrugs, als einen Bremsklotz für den politischen Entscheidungsprozess hinstellt, gestern wie heute am Anfang jeder populistischen Bewegung, ob von rechts oder von links.

Als der Archetypus für jeden nachfolgenden populistischen Führer definiert Benito Mussolini schon 1919 die soeben aus der Taufe gehobene Bewegung der faschistischen Kampfverbände als eine »Antipartei«, eine Formel, die im Abstand von einem Jahrhundert in unserer Gegenwart gleichlautend widerhallt. Der Gründer des Faschismus sagt von sich selbst: »Ich mache keine Politik, ich mache Antipolitik«, ein Slogan aus dem vergangenen Jahrhundert, der heute, im neuen Jahrtausend, noch unverändert im Umlauf ist. Er zeichnet den Sitz der Abgeordneten in Rom als eine finstere Grabkammer, vollgepackt mit den »Mumien von Montecitorio«, und will erklärtermaßen »ihre Liquidation einleiten« (ein weiterer Ausdruck, der in unserem gegenwärtigen politischen Raum nachtönt). Von vor 100 Jahren stammt ebenso das Bild, das in jüngerer Zeit solche Fortüne gemacht hat und immer noch macht: das von der liberalen politischen Klasse als einer selbstbezogenen, in ihre Privilegien eingeschlossenen »Kaste«, die für den Hilferuf des Volkes taub sei. Seine Urheberschaft gebührt freilich nicht Mussolini, sondern Gabriele D'Annunzio (»eine Kaste von Maharadschas, eingeschlossen im Luxus ihrer

Paläste«), aus dessen Erfindungsgeist der künftige Duce mit vollen Händen schöpfte, um die faschistische Vorstellungswelt auszustaffieren.

Im Gegensatz zu den heutigen Populisten, die sich gewissermaßen darauf beschränken, das Parlament zu diskreditieren und damit schleichend die Grundlagen der Demokratie auszuhöhlen, bekundete der mussolinische faschistische Populismus von Anfang an seine Verachtung für die Volksvertretung und das damit einhergehende demokratische System. Und auch seine Absicht, beides abzuschaffen.

»Wir verachten die bei der Wahl erworbene Kleinmedaille«, pflegten die Faschisten der Anfänge zu sagen und setzten damit der zweifelhaften Ehre, das Volk zu vertreten, den in einer Medaille verkörperten wahren Ruhm entgegen, der auf dem Schlachtfeld erworben werde. Dies hinderte Mussolini freilich nicht daran, seine Bewegung bei Wahlen antreten zu lassen, sobald er es für nützlich hielt. Und als er schließlich mit diesen »Mumien«, diesen Abgehobenen, Korrumpierten und Altersschwachen, in einem Parlament zusammensaß, hinderte ihn dies 1922 ebenso wenig an seinem Entschluss, die Macht durch einen realen und symbolträchtigen Marsch auf die Hauptstadt, mit einem Angriff aufs Herz der Demokratie (dem sogenannten Marsch auf Rom) zu erobern. Und nachdem ihm der König das Mandat gegeben hatte, eine Regierung zu bilden, hinderte ihn auch dies nicht daran, die Abgeordneten in seiner ersten Rede als Präsident des Ministerrats vor der Kammer, die er zu repräsentieren, zu achten und zu verteidigen hatte, mit einer denkwürdigen Drohung zu demütigen: Er könne diesen »tauben und ergrauten Saal« jederzeit in ein »Feldlager« für seine faschistischen Milizen verwandeln.

FÜHREN DURCH NACHFOLGEN

Mit seinem Antiparlamentarismus nimmt der charismatische Führer bereits vorweg, welches Verhältnis er zur Volksbasis pflegen wird, ein diametral anderes als das von der vermittelnden repräsentativen Demokratie vorgesehene. Wie wir sahen, begnügt er sich nicht damit, das Volk zu vertreten, sondern behauptet, dass er das Volk *ist.* Bleibt also noch die Frage, wie dieser »Chef« mit der Wählerschaft umgeht, die er von oben herab verkörpern will. Hier begegnen wir der dritten Regel oder dem dritten Gesetz des von Benito Mussolini erfundenen Populismus.

Häufig hervorgehoben wurde das ständige Taktieren, der skrupellose Opportunismus, der zynische Pragmatismus eines Führers, der wie ein Chamäleon zu jeder Wandlung und Anpassung, zu jedem Kurs-, Positions- und Bündniswechsel bereit ist. Alles richtig. Aber seine systematische »Morallosigkeit« ist nicht einfach nur eine ethische Frage, denn Mussolinis gesamtes Verhalten als »Zoon politikon« rührt aus einer weitblickenden Intuition dazu her, wie sich Politik im Zeitalter der Massen gestalten würde. Dieses hatte damals begonnen und setzt sich in seiner Reifephase bis heute fort.

Am Ende des Ersten Weltkriegs wittert Mussolini als einer der Ersten, dass in der Ära der Massen diese von einem Führer geleitet würden, der sich nicht vor sie stellt und an ihrer Spitze marschiert, wie das englische Wort *leader* – von *to lead,* »führend vorangehen« – nahelegt, sondern im Gegenteil die Herrschaft dadurch über sie ausübt, dass er einen Schritt hinter ihnen hergeht. Das dritte Gesetz des mussolinischen Populismus schreibt also einen neuen Typus des Führers vor, den Feldherrn, der die Massen nicht vorangehend, sondern nachfolgend leitet.

Denken wir an eine der bekanntesten und großsprecherischsten Devisen des Faschismus (die ihren historischen Ursprung tatsächlich in der Französischen Revolution oder, besser gesagt, in der Gegenrevolution der Vendée hatte). Ein Slogan, der häufig an den Mauern geschrieben stand:

Wenn ich voranschreite, folgt mir.
Wenn ich zurückweiche, tötet mich.
Wenn ich stürze, rächt mich.

Was verkündete der Führer des Faschismus mit diesen Worten? Beim ersten Lesen scheinen sie einen Duce zu beschwören, der das Volk wie ein Offizier im Krieg anführt, indem er an seiner Spitze marschiert. Nein. Dies war nur die offizielle Rhetorik. Die Wahrheit über Mussolinis Führung müssen wir in einem anderen Satz suchen, den er flüsternd geäußert, nicht lauthals proklamiert hat.

Benito Mussolini sagte über sich: »Ich bin der Mann des Danach.« Und er sagte es mit Stolz und sich mit seiner politischen Durchtriebenheit brüstend. »Ich bin der Mann des *Danach*« heißt, ich erscheine erst einen Augenblick nach dem Ereignis auf der politischen Bühne. Ich gehe nicht voran, ich gehe hinterher. Was bedeutet dies konkret? Es bedeutet, dass der populistische Führer – wie der Mussolini der Anfänge – keine eigenen Ideen hat und keine haben soll. Er hat keine unverrückbaren Überzeugungen, keine Solidaritäten, keine Loyalitäten und keine langfristigen Strategien. Er führt die Massen nicht zu einem fernen, hochstehenden Ziel, das ihm, nicht aber den Massen vorschwebt. Im Gegenteil kennt dieser Führer nur Taktik und keine Strategie, nur Gelegenheit und keine Überzeugung, nur Praxis und keine Theorie. Dieser Führer hat keinerlei Inhalt und will keinen haben, er ist ein hohler Mensch, ein leeres Gefäß, ein Apparat, der hocheffizient die taktische Hoheit über das Vakuum ausübt.

Jawohl, denn wenn man inhaltsleer ist, keine Prinzipien hat, keine Überzeugungen kennt, keine Loyalitäten will, ohne die unerlässlichen Programme auskommt und auf Horizonte verzichten kann, wenn man alle seine Verbündeten zu opfern bereit ist, dann wird man in der Politik taktische Siege erringen. Man siegt, weil sich dieses leere Gefäß nach und nach mit dem füllt, was man in Gesprächen in der Bar mitbekommt, was man an einem Markttag aufschnappt, was man beobachtet, wenn man, einen Augenblick später gekommen, hinter der Menge steht.

Genau dies verkörperte der Mussolini der Anfänge. Wenn wir an den faschistischen Diktator denken, rufen wir uns gern wieder sein Bild aus den Dreißigerjahren in Erinnerung, wie er vom Balkon des Palazzo Venezia eine strukturierte Lehre vom (niemals geborenen) neuen Menschen zum Besten gibt, ein (niemals verwirklichtes) ausgearbeitetes Programm für das Italien der Zukunft verkündet und eine Weltvision aufzeigt (die im Untergang enden wird). Dagegen war der Mussolini der ersten Jahre ein Abenteurer, der leichterhand jede Verkleidung anlegte, jeden Sinneswandel vollzog und jeden Verrat beging: der begeisterte Republikaner, der 20 Jahre lang mit der Monarchie unter einem Dach lebte, der Prophet der freien Liebe, der der Schicklichkeit halber zu einer kirchlichen Heirat bereit war, der erbitterte Antiklerikale, der mit dem Vatikan die Lateranverträge abschloss,

der Sozialist, der sich dem Aufstand des Proletariats verschrieben hatte und sich mit den starken Kräften verbündete, die es unterdrückten. Benito Mussolini verriet im Verlauf weniger Jahre alle: die Pazifisten, die Sozialisten, die Republikaner; D'Annunzio, der ihn inspiriert hatte, die giolittianischen Liberalen, die ihn ins Parlament gebracht, und die squadristischen Kameraden, die ihm mit Knüppeln den Weg an die Macht freigeräumt hatten. Vor allem verriet er sich selbst, indem er zu dem Typ Mensch wurde, den er als junger Mann verabscheut hatte.

Diese systematische Untreue des faschistischen Tyrannen ging indes mit einer paradoxalen Form von Kohärenz einher. Bei jeder neuen abrupten Volte auf seinem Weg, bei jedem neuen gebrochenen Versprechen hielt er sich als ein Zoon politikon an die goldene Regel der Populisten. Er blieb seiner Intuition treu, wonach der Führer die Massen in deren Zeitalter nur nachfolgend, nicht vorausgehend würde beherrschen können, nur, wenn er sich nicht durch eigene Prinzipien oder Ideen behindern, durch eigene Kriterien oder Programme fesseln ließe. Treu blieb er auch dem aufbrausenden, konfusen und skrupellosen Temperament seiner Anfänge, immer bereit, seine Verachtung für Programme zur Schau zu tragen. »Programme sind Makulatur«, tönte dieser Volksaufwiegler. »Überlassen wir sie den Sozialisten, ihren endlosen theoretischen Diskussionen. Ich

kann mit Doktrinen und Programmen nichts anfangen; ich muss mich stattdessen von ihnen freimachen, um mich von den Stimmungen der Leute erfüllen zu lassen.«

POLITIK DER ANGST

Die politische Vormachtstellung der Unmoral steckt voller Konsequenzen. Wenn man das Leben, auch das private, vor allem aber das politische, auf seine Stimmungen reduziert – anstatt auf seine Ideen, Überlegungen, Überzeugungen, Prinzipien oder Empfindungen –, reduziert man es tatsächlich fast immer auf seine üblen Launen. Man beachte: Die gute Laune ist als eine Gemütslage auf individueller Ebene glücklicherweise ziemlich verbreitet, aber im kollektiven Temperament dominiert, vor allem in Zeiten der wirtschaftlichen und gesellschaftlichen Krise, entschieden die schlechte Laune.

Und was ist der hervorstechende Charakter eines Lebens, das auf seine finstersten Launen reduziert wird? Ein Amalgam aus Galligkeit und Schwermut, eine trübselige Verfassung, gespeist vom selbstmitleidigen Verharren in Besorgnis und Enttäuschung, vermischt mit wütenden Ressentiments. Und am Anfang und im Zentrum steht immer die Angst. Die vierte Regel des fa-

schistischen Populismus betrifft eben den Gefühlszustand der Sorge und des Entsetzens angesichts einer realen oder vermeintlichen Gefahr: Ein populistischer Führer praktiziert eine Politik der Angst. Er appelliert fast nie an die Hoffnungen seines Volkes, sondern fast immer an seine Ängste.

Hier kommt eine weitere weitsichtige und erfolgreiche Intuition des Populisten Mussolini ins Spiel. Wie erwähnt, entstammte der künftige Duce der Sozialistischen Partei, die den gewöhnlichen Menschen ein Versprechen gab: »Deine Kinder können endlich ein besseres Leben finden als du und deine Enkel ein besseres als deine Kinder.« Das weltweite Symbol des Sozialismus war die aufgehende Sonne, das strahlende Gestirn, das auf ein besseres Morgen schien. Der Sozialismus verhieß den Massen, denen die Geschichte den Platz der Erniedrigten und Beleidigten zugewiesen hatte, eine Zukunft der Erlösung, der Gerechtigkeit und der Hoffnung.

Mussolini war mit der Wirksamkeit dieses Versprechens bestens vertraut, wusste aber auch, dass er als einer, der aus der Partei, die es verkörperte, ausgeschlossen, verbannt und verjagt worden war, mit einer Politik der Hoffnung nicht mehr vorankam. Da ihm dieser Weg zur ersehnten Rückkehr an die Macht versperrt war, besann er sich auf einen anderen, der über die einzige politische Leidenschaft verlief, die mächtiger ist als die Hoffnung: die Angst.

Im Jahr 1919 hofften Millionen Frauen und Männer auf eine bessere Zukunft, die sie schon jetzt, in der Gegenwart, anbrechen sahen. Aber von diesen Millionen hatten in den letzten vier Jahren auch viele die Angst kennengelernt: Vor allem die Männer, die in den Schützengräben des Ersten Weltkriegs ausgeharrt hatten, in denen vom Feind wenig und meistens nur dann etwas zu sehen war, wenn er sich mit einem Bajonett auf sie stürzte, um sie aufzuschlitzen, in denen bei Beschuss unversehens der Tod vom Himmel herabregnete, ein Tod, der sich auch in Form des Gases, das sie in ihre Lungen sogen, unsichtbar und nicht fasslich einschleichen konnte. Jahrelang hatten diese Männer in Angst gegessen, getrunken und geraucht, in einer Angst, die ihnen jetzt, im zivilen Leben, in einer wieder friedlich gewordenen Welt, wie ein Schatten folgte und die morallose Grundstimmung heraufbeschwor, mit der sie in ihren Tag gingen.

Aber wovor hatten diese Rückkehrer aus dem großen Albtraum Angst, als sie wieder zu Hause waren? Vor den Hoffnungen der anderen. Die Kleinbürger, die in den ersten Jahren des neuen Jahrhunderts nur mit Mühe Geld verdient, und die Großbürger, die viel zu verlieren hatten, fürchteten sich vor den Sozialisten, also vor der Revolution. Diese Zukunft der Befreiung von der Ungerechtigkeit stand für sie als das große Schreckgespenst im Raum. In dieser Lage setzte Mussolini, der aus den

sozialistischen Hoffnungen vertrieben worden war, nach dem Krieg in seiner Propaganda alles auf die gegenteilige Karte. Er schürte die Angst, fachte sie an, zog sie riesengroß: Sozialismus ist Barbarei, ist die Pest, ist die fremdländische Horde, die in unser Land eingefallen ist und es nun von innen her bedroht.

Jeder hätte erwidern können: »Ausländischer Invasor? Wieso? Die Sozialisten sind Italiener, sind mit dir groß geworden, haben mit dir auf dem Hof gespielt. Und bis gestern warst du selbst Sozialist!« Er hätte geantwortet: »Die Sozialisten sind nie und nimmer Italiener: Auch die in Italien geborenen nehmen sich die russische Revolution zum Vorbild, erheben sie zum Ideal und schleppen somit eine ansteckende Krankheit, eine tödliche Seuche in unser Land ein.« Und nicht von ungefähr wurde diese Seuche in der faschistischen Propaganda der frühen Zwanzigerjahre als »asiatische Pest« bezeichnet. Der faschistische Populismus stellte die sozialistischen Feinde, die uritalienischen Überträger der Pest, vor denen man Angst haben musste, als auf dem nationalen Boden lagernde ausländische Invasoren hin.

Der Faschismus bediente sich der Strategie, auf eine populistische – wie wir sie heute bezeichnen würden – wie auch auf eine spezifisch faschistische Art umfassend und überall Angst zu säen. Die mörderische Gewalt, welche die faschistischen Schlägertrupps systematisch im großen Stil einsetzten, verbreitete tatsächlich Angst und

Schrecken. Und Mussolini stellte sie vorsätzlich, kalkuliert und zynisch in die eigenen Dienste und verabreichte abwechselnd dazu Dosen an Beschwichtigung und Schmeichelei. Der faschistische Apparat nutzte mithin die Angst, welche die Squadristen mit ihren Gewalttaten verbreiteten, für die eigenen politischen Ziele. (Diese Taktik gipfelte im sogenannten Marsch auf Rom, als allein die Androhung von Gewalt Mussolini in einer geschickt gespielten Partie auf zwei Brettern einen Sieg sicherte, der allein mit tatsächlich ausgeübter Gewalt nicht zu erreichen gewesen wäre.)

Aber der Duce eroberte letztlich nur deshalb die Macht, weil es ihm gelang, nicht nur aus der *unter den* Faschisten verbreiteten Angst, sondern auch aus der *vor* den Faschisten Kapital zu schlagen. Während der Faschismus mit der einen, der gewalttätigen Hand die Angst säte, gelang es ihm mit seiner anderen, der populistischen, sie durch ihre Verwandlung auch wieder zu vertreiben.

DIE ANGST IN HASS VERWANDELN

Und hier begegnet uns ein kurzer Absatz – ein kurzer, aber entscheidender, fast eine eigene Regel –, ein Zusatz zu dem Gesetz, das vorschreibt, dass die Politik der Hoffnung durch eine der Angst ersetzt werden muss: Nach

der Verbreitung von Angst muss der populistische Führer in der Lage sein, diese in einer Art alchemistischen Operation in Hass zu verwandeln. Erst flößt Mussolini den Menschen Angst ein, verstärkt die Besorgnisse und Gefühle der Enttäuschung, der Niederlage und des Verrats, den Groll und die Rankūne, die sehr viele empfinden, als ihnen nach dem Kampf, nach der Rückkehr nach Hause das Versprochene vorenthalten wird: Sie finden keine Arbeit, sehen die Preise in den Himmel schießen und haben alle Mühe, Benzin aufzutreiben und Essbares auf den Tisch zu bringen.

Nachdem der Populist Mussolini die Angst geschürt hat, ist dies sein zweiter Schachzug. »Die Gefahr ist riesengroß«, so sagt er, »sie steht vor der Tür, sie ist vernichtend. Es sind die Sozialisten, diese Fremden, die unser Land erobern wollen. Obwohl sie nicht hierhergehören, lagern sie auf unserem Boden. Vor ihnen musst du dich fürchten.« Und mit hinterlistiger Stimme fügt er hinzu: »Aber Furcht vor ihnen zu haben, reicht nicht, du musst sie hassen. Angst ist nicht genug, es braucht den Hass.«

In seinem Evangelium ruft der Populismus somit dazu auf, ein passives, nach innen gekehrtes und depressives Gefühl in ein aktives, nach außen gerichtetes und euphorisierendes Gefühl wie den Hass zu verwandeln. Waren Sie schon einmal versucht, jemanden zu hassen? Hass vermittelt ein Gefühl des Lebendigseins – wie

die Liebe, und vielleicht sogar noch mehr. Das ist die traurige Wahrheit: Aber wenn wir nicht erkennen, dass solche Mechanismen unser Handeln und unsere Reaktionen beherrschen, verstehen wir den damaligen nationalistischen Faschismus und auch den heutigen souveränistischen Populismus nicht.

DAS MODERNE LEBEN VEREINFACHEN

Und hier liegt das Rezept für ein siegreiches Spiel, die sechste Regel des mussolinischen Populismus. Es lautet: »Die Komplexität des modernen Lebens brutal vereinfachen«. Mussolini erahnte als einer der Ersten die gewaltige politische Bedeutung des Ohnmachtsgefühls, das wir alle angesichts der gewaltigen Komplexität des modernen Lebens empfinden, wie schon große Denker des 19. Jahrhunderts auf philosophischer Ebene erkannt hatten. Vergegenwärtigen wir uns zum Beispiel das Bild Hegels, der in der *Phänomenologie des Geistes* das moderne Subjekt, das sich in einem exzessiv komplexen Leben abstrampelt, mit einer Mücke im Spinnennetz vergleicht: Je heftiger es zappelt, desto stärker verfängt es sich in seinem Gewirr. Auch wenn Mussolini jeder philosophischen Überlegung abgeneigt war, übersetzte er diese Erkenntnis intuitiv in praktische Politik. Wie er sah, verfügte der Faschismus nicht nur über die Gewalt-

bereitschaft, um den Gegner physisch zu vernichten, sondern bediente sich auch der Verrohung des politischen Diskurses, um das Denken auszulöschen – mit einem gewaltigen Zugewinn an Popularität, weil dies für die Massen die Befreiung von einer gewaltigen Last bedeutete.

Und so stieß die Propaganda des faschistischen Populismus immer wieder ins selbe Horn: Die Realität ist nicht so komplex, wie dir die überalterten Liberalen, die die anteilige parlamentarische Vertretung predigen, immer wieder einreden wollen. Die Wirklichkeit ist nicht so kompliziert, wie dir die Sozialisten erzählen mit ihren abstrusen Theorien, mit der marxistischen Lehre vom Unterbau, vom Überbau und von alledem. Nein. Die Realität ist weitaus einfacher.

Alles geht aus einem einzigen Problem hervor.
Dieses einzige Problem ist der Feind.
Der Feind ist ein Fremder, der sich hier breitgemacht hat.
Dieser fremde Eindringling kann beseitigt werden.
Problem gelöst.

Nach dieser Sichtweise darf der Invasor aus der Fremde mit Knüppelschlägen erlegt oder, im aktuellen Fall, vor unseren Küsten dem Ertrinken überlassen, wenn nicht gar ins Meer zurückgeworfen werden. An diesem Punkt

darf man sich nichts vormachen: Der souveränistische Populismus nutzt heute den Migranten als sein »vereinfachendes Feindbild« in gleicher Weise, wie vor 100 Jahren der faschistische Populismus den Sozialisten zum Feind erkoren hatte.

Aus dieser Sicht gedeutet, dreht sich das gesamte politische Leben allein um den Feind, den es zu fürchten und zu hassen gilt. Und hier greift eine perspektivische Umkehr als ein letzter und abschließender Zug im Erfolgsrezept für das siegreiche Spiel. Verführerisch säuselt das böswillige populistische Stimmchen: Du musst dich nicht verängstigt umblicken, nicht erschreckt in den Himmel über und in den Wald neben dir spähen. Der Tod bricht nicht wie in den Schützengräben unsichtbar, unbekannt und ungreifbar von allen Seiten über dich herein. Du musst nur nach vorn schauen. Da liegt dein ganzes Problem, da steht dein Feind, der fremde Eindringling: Aber hier, an deiner Seite, stehe ich, der Faschist mit dem Knüppel. Das ist die ganze Realität.

Welcher Seufzer der Erleichterung! So einfach ist das Leben: Man muss sich nur auf den verhassten Sozialisten konzentrieren. Und neben mir steht der Faschist bereit, um ihn aus dem Weg zu räumen. Wozu noch das Parlament, das immer alles komplizierter macht?

Mit diesem wirkmächtigen wie tröstlichen Rezept verführte Mussolini vor 100 Jahren Italien, während es seine Squadristen vergewaltigten. Und so verloren ihre

ganzen Gewalttaten angesichts der großen Angst all ihre Schrecken, ja wurden in den Augen der Erwachsenen, die zu Kindern geworden waren, der Bürger, die sich in Untertanen verwandelt hatten, sogar zu einer notwendigen Maßnahme ähnlich der des fürsorglichen Familienvaters, der leider zu drakonischen Strafen greifen muss.

Dieses zweiteilige Vorgehen bildet – dies gilt für damals wie für heute – den finsteren Kern jeder autoritären Verlockung.

MIT DEM KÖRPER ZUM KÖRPER SPRECHEN

Ans Ende gelangt, kehren wir zum Ausgangspunkt zurück.

Die Gesamtheit dieser Prinzipien umreißt das Profil eines Autoritarismus, der sich der Demokratie gegenüber als überlegen präsentiert. Zu dieser Überlegenheit bekannte sich Mussolini ausdrücklich, während heutige Populisten sie negieren (oder so tun, wenn Sie so wollen), auch wenn sie es nicht lassen können, die demokratischen Institutionen auszuhöhlen.

Zwischen den heutigen souveränistischen Populisten und Mussolinis damaligen nationalistischen Faschisten gibt es vielfältige und gewichtige Unterschiede, angefangen mit dem Einsatz physischer Gewalt, welche Letztere

systematisch praktizierten, während Erstere auf sie verzichten. Im Unterschied zu den Faschisten des frühen 20. Jahrhunderts schalten die heutigen Populisten politische Gegner nicht mit nackter Gewalt aus, auch wenn sie die demokratischen Institutionen gern diskreditieren und sie (wie in Ungarn und Polen zu sehen) zuweilen in einem illiberalen Sinn umbauen. Immerhin halten sie sich im Umkreis der demokratischen Regeln auf. Sie erobern das Parlament über Wahlsiege (auch wenn sie, wie in den Vereinigten Staaten und Brasilien geschehen, mitunter auch zum Angriff auf das Parlament blasen). Dieser bedeutende Unterschied ist klar hervorzuheben. Dies ändert freilich nichts daran, dass beide, die Populisten von damals wie von heute, das liberale demokratische Leben in seiner Qualität und Vollständigkeit bedrohten und noch bedrohen. Diese Bedrohung geht von der zentralisierten Macht des autoritären »Führers« aus, der als Verkörperung des Volkes auftritt, dem Chef, der nicht voranschreitet, sondern nachfolgt. Er praktiziert eine Politik der Angst, um diese dann in Hass zu überführen, und stellt die komplexe Wirklichkeit auf brutalste Weise vereinfacht dar. Und er spricht mit seinem Körper zur Wählerschaft.

Und dies ist denn auch die letzte weitsichtige Erfindung Mussolinis: Schon in den Zwanzigerjahren des 20. Jahrhunderts stellte der Duce als Erster den Körper ins Zentrum der politischen Bühne. Berühmt sind die

Bilder vom faschistischen Führer, der mit nacktem Oberkörper in einem Kreis von Bauern Korn drischt – »Kamerad an der Maschine, das Dreschen kann beginnen!« –, der vor einer Menschenmenge ein Gewässer durchschwimmt und der in einer Weise gestikuliert, die wir heute als grotesk empfinden. Unter anderem dies führte zu einem besonders gravierenden Missverständnis um diesen furchtbaren Diktator, der nur allzu oft als lächerliche Figur abgetan wird. Das war er mitnichten. Selbst seine Gestik ist das kalkulierte Ergebnis seines unheilvollen politischen Genies: Hinter ihr steht die Erkenntnis, dass die politische Kommunikation im Zeitalter der Massen nicht vom Kopf zum Kopf, sondern als eine quasiphysische Aktion verlaufen wird, in der der Körper des Führers zum Wahlvolk spricht. »Zum Bauch der Wähler«, wie man so sagt.

Der faschistische Duce – so könnte man einwenden – habe einen maskulinen Körper zur Schau gestellt, der, zumindest nach den Kanons des damaligen faschistischen Männerkults, potent und bewundernswert wirkte! Auch wenn einem in autokratischen und atavistischen Herrschaftsformen – mit Putin als Beispiel – Ähnliches heute noch begegne, sei eine solche Art der Kommunikation der westlichen Tradition eigentlich fremd.

Achtung: Obwohl zwischen Vergangenheit und Gegenwart erhebliche Unterschiede bestehen, darf uns dies nicht täuschen. Für eine effiziente Körpersprache

braucht der Führer keinen schönen, stattlichen, imposanten und nicht einmal einen virilen Leib. Lassen wir uns nicht irreführen. Nehmen wir Donald Trump mit seiner eher plumpen, unangenehmen und unbeholfenen Gestalt. Was zählt, ist, dass der in sich ruhende, aber auch zur irrationalen Aufregung fähige Körper mit seiner schieren physischen Präsenz wie auf einem Thron die gesamte politische Kommunikation beherrscht: Seine Ästhetik oder Stattlichkeit spielen hier keine Rolle; es geht vielmehr darum, die physische, durch Mark und Bein gehende, mit dem Körper betriebene Kommunikation jeder wie auch immer gearteten intellektuellen Auseinandersetzung entgegenzustellen, die mit Argumentation, Überlegung und Analyse geführt wird. Es ist eine Art der präreflexiven, emotiven und rechthaberischen Art der Kommunikation. Und erfolgreich ist sie deshalb, weil sie einen primitiven Appell an die niedersten Instinkte der Menschen richtet. Sie hat eben deshalb Erfolg, weil sie keine vorgebliche Überlegenheit zur Schau stellt. Denn nicht jeder hat einen Doktortitel in Politik, aber jeder hat einen Körper. Hier, in dieser blinden bebenden Materiemasse, die den Körper des Führers bildet, sei er größer oder kleiner, männlich oder weiblich, ist der End- und Gipfelpunkt des entsublimierenden Weges erreicht, an dessen Anfang die Behauptung stand: »Ich bin das Volk, und das Volk bin ich.« Das Volk ist in meiner Physizität verkörpert, hier in diesem Mann,

in diesem Wanst, in dieser Frau, in meinen Ein-Meter-Sechzig, meinen Ein-Meter-Neunzig oder Ein-Meter-Fünfzig.

Dies ist keine dumme Taktik. Dieses Vorgehen reaktiviert grundlegendste Bedürfnisse, Seelenzustände und Gefühle, anzestrale, ja prähistorische Lebenserfahrungen. Wenn wir diesen Atavismus mit süffisanter Miene abtun, dann sind *wir* die Dummen. Und daran ist auch nichts lächerlich oder lustig. Wenn wir darüber lachen, vergeht uns das Lachen bald.

Der Faschismus war keine Komödie, sondern eine Tragödie. Denn wenn das kollektive Leben eines Landes auf einen Weg geführt wird, auf dem alles im Körper des Führers aufgeht, dann entrückt dieser Körper bald in die Unfasslichkeit, Unerreichbarkeit und Undurchschaubarkeit. Vor allem kann man mit ihm nicht mehr diskutieren. Man kann ihn nur noch verehren – wie Millionen Italiener Mussolini verehrten – oder ihn hassen und töten. So wie die Italiener ihren Duce am Ende seines Weges, der nach einem kometenhaften Aufstieg in den Absturz führte, gehasst und schließlich getötet haben.

III.
DEMOKRATIE

Gestatten Sie mir, diese Rede mit einer weiteren Erinnerung aus meinem Leben zu beschließen.

Als die Berliner Mauer fiel, war ich 20 Jahre alt. Ich entsinne mich an einen Samstagabend auf einem Fest bei Freunden. Ich füllte mit einem Trinkkumpan in der Küche die Karaffen mit Spritz nach, dem typischen Aperitif der Stadt Venedig, in der ich aufgewachsen war und noch lebte. Während ich gedankenverloren Weißwein und Bitterlikör zusammenmixte, deutete mein Freund mit dem Kopf in der Küche nach hinten: »Schau dir mal diesen Typen mit der Spitzhacke an!«

Ich drehte mich um. Auf dem Schirm eines kleinen Fernsehgeräts, fast versteckt in einem toten Winkel, hieb ein Unbekannter mit einer Spitzhacke hektisch auf eine pockennarbige Mauer ein. Wir blickten einige Sekunden auf diese bizarre Szene und wandten uns – mit den Karaffen mit unserem Lieblingsgetränk in der Hand – wieder unserem Vergnügen zu. Mit diesen Hie-

ben in die Mauer triumphierte die Demokratie über ihre Feinde, aber wir, die Jungen der Achtzigerjahre, hatten dafür keine Augen. Ein Schlüsselereignis des 20. Jahrhunderts hatte uns beim Mischen von Spritz überrascht, uns aber nur für wenige Augenblicke abgelenkt. Die große, mit Tragödien und Epen befrachtete Geschichte, die uns kurz gestreift hatte, reduzierte sich für uns, privilegierte Heranwachsende im befriedeten, übersättigten und inhaltsleeren Westen Europas, auf einen kurzen Moment der Belustigung. Nur ein Augenblick, dann musste weitergefeiert werden.

Zu Beginn dieses Vortrags habe ich darauf verwiesen, dass ich der letzten Generation angehöre, die mit den Mythen und Werten des Antifaschismus im 20. Jahrhundert aufgewachsen war. Und das ist richtig. Aber ebenso richtig ist, dass diese kulturelle Prägung nicht verhindern konnte, dass das Klima, in dem ich und meine Gleichaltrigen ins Erwachsenenleben traten, durch eine hedonistische Unbekümmertheit, eine individualistische Gleichgültigkeit gegenüber den allgemeinen Verhältnissen und einem weitverbreiteten Widerwillen gegen Politik geprägt war. Nach dem Sturm der verbissenen ideologischen Kämpfe in den Sechzigerjahren hatte uns in den Achtzigerjahren ein Rückstrom der Brandungswellen in ruhige und angenehme Gewässer gespült, in denen wir uns scheinbar ewig sanft treiben lassen konnten. In einem Meer ewiger Erholung.

Es war nicht nur jugendliche Gedankenlosigkeit. In diesem lauen *Fin de Siècle* wiegten sich alle im Westen, uns eingeschlossen, in der Illusion eines eingetretenen goldenen Zeitalters: Der liberale Kapitalismus hatte im Kalten Krieg obsiegt, die Profite wuchsen exponentiell an, und die Globalisierung weitete sich unter den Auspizien wohlwollender Götter auf den gesamten Erdkreis aus.

Es war eine fröhliche und trügerische Zeitenwende. Von den vielen Täuschungen, denen wir, die letzte junge Generation des vergangenen Jahrhunderts, in unserem leichten Leben aufsaßen, erscheint uns heute, im Abstand von 20 Jahren, eine als besonders schuldhaft: die Illusion der ewigen Demokratie.

Wir Jungen am Ende des 20. Jahrhunderts, geboren in Westeuropa in der dritten Generation nach dem Zweiten Weltkrieg, gehörten dem – verschwindend geringen – Teil der Menschheit an, der wohlhabender, gesünder, abgesicherter, langlebiger und behüteter war als alle anderen, die bislang das Antlitz der Erde geprägt hatten. Dieses Geburtsprivileg blendete uns bis an den Punkt, an dem wir glaubten, Demokratie sei eine geradezu natürliche Gegebenheit, eine ein für alle Mal erworbene Errungenschaft, die man wie eine Leibrente verantwortungslos genießen könne.

Obwohl wir ihre Geschichte, übermittelt von den letzten Zeitzeugen, durchaus kannten, dachten wir lieber

nicht an die furchtbaren Kämpfe, welche die vorigen Generationen hatten ausfechten müssen, um uns das kostbare, späte und stets flüchtige Geschenk der Demokratie zu hinterlassen. Weil wir uns regelmäßig die Zeit mit Aperitifs versüßen mussten, vergaßen wir eine Wahrheit, die zwar schlicht, aber zutreffend, unumstößlich und grundlegend ist. Sie betrifft das Wesen von eben dieser Demokratie: Sie ist weder dem Zufall noch der Notwendigkeit geschuldet. Sie ist nicht als Geschenk vom Himmel gefallen, sondern erobert worden. Die Geschichte der Demokratie ist ohne jeden Zweifel die des Kampfes um ihre Errungenschaft.

Wenige Jahre später, im neuen Jahrhundert und Jahrtausend, sollte uns dies, angefangen mit dem 11. September 2001, grausam in Erinnerung gerufen werden. Die Demokratie wurde von neu aufgetauchten Feinden bedrängt, die auf ihrem Boden Blut vergossen: vom islamistischen Terrorismus zur Errichtung des Gottesstaats, von demokratiefeindlichen Nationen, die sich an die Spitze der globalen Wirtschaftsmächte setzten, und schließlich von Putins Russland, das in Europa und gegen Europa einen Angriffskrieg entfesselt hat.

Und so kündigte sich nach dem hedonistischen Rausch am Ende des Jahrhunderts eine Epoche an, in der die liberale Demokratie in eine tiefe Krise geriet, verschärft durch die Präsenz alter, neuer und zahlreicher innerer Feinde. Immer wenn erneut ein Wirtschaftssys-

tem zusammenbrach, das vom unseligen Finanzkapitalismus beherrscht wurde, wenn sich wieder Ohnmacht gegenüber einem äußeren Feind zeigte oder wenn über das Land eine weitere, nicht beherrschbare Flüchtlingswelle hereinschwappte, war wieder der Nachhall von Worten zu vernehmen, die Misstrauen gegen das demokratische System säten und es diskreditierten – geflüstert von Mitbürgern, von politischen Wortführern, deren Aufgabe es eigentlich ist, die Demokratie zu hüten, aber auch vom Mann von der Straße: »Demokratie. Das ist die Herrschaftsform, die dem Volk immer wieder die Illusion verkauft, dass es der Souverän sei.« Und dann: »Das Parlament ist die Zirkusarena der Demokratie ... Die Wahlversprechen in den Programmen gehören zu den unanständigsten Erscheinungen im politischen Betrugsspiel. Für einen Wahlsieg würde der Kandidat dem Teufel seine Seele verkaufen. Seine Versuche, sich die öffentliche Meinung und die der Wähler gefügig zu machen, sind maßlos.« Und auch: »Die Demokratie kann im Grunde nur reden. Sie lebt vom Wort und für das Wort. Aber in Zeiten der Krise wollen die Völker keine Propaganda hören, sondern befehligt werden. Die Zeit nutzloser Diskussionen ist vorbei. Jetzt ist Gehorsam angesagt.«

Wie oft haben wir in diesen Jahren diese so zynische wie trostspendende zarte Stimme gehört, die uns in den besonders tristen, enttäuschten und resignierten Tagen

die gleichen Worte ins Bewusstsein flüsterte? Und wie oft hallte dieses nächtliche Flüstern in Italien und anderswo laut und vernehmlich in der Öffentlichkeit wider, in der offiziellen Rhetorik von Führern und politischen Bewegungen, die trotz ihrer Beteiligung am demokratischen Spiel die Macht dadurch anstrebten, dass sie ihre Verachtung für die Demokratie nach außen kehrten (und das immer noch tun)?

Wir kennen diese Worte nur zu gut. Sie sind fast schon zum Soundtrack unserer mutlos gewordenen Gegenwart avanciert, wir haben uns fast schon an sie gewöhnt. Und doch sind es die Worte Benito Mussolinis, ausgesprochen in den Zwanziger- und Dreißigerjahren des vergangenen Jahrhunderts, in dem die Demokratie und ihre Feinde einen Kampf auf Leben und Tod ausfochten. Und diese Worte sind zweifellos leider niemals verstummt. Sie haben uns unablässig weiter in Versuchung geführt. Uns verlockt.

Und jetzt, an diesem Punkt, werden Sie mich fragen: Was können wir tun?

Meine Antwort ist höchst einfach und zugleich höchst schwierig in die Praxis zu bringen: Wir müssen den Kampf wieder aufnehmen. Einmal befreit von der unheilvollen Illusion, wonach Demokratie ewig währe, müssen wir uns die Geschichte der Demokratie wieder aneignen, wieder ein aktiver Teil von ihr werden. Denn die Geschichte der Demokratie war immer auch ein

Kampf um deren Bestand. Ein täglicher, endloser und unermüdlicher.

Anders gesagt, müssen wir das Erbe des Antifaschismus unserer Eltern und Großeltern antreten. Ein Erbe wie dieses fällt nicht vom Himmel. Wir müssen es uns erarbeiten, es uns verdienen, es uns zu eigen machen.

Ich glaube allerdings, dass wir das antifaschistische Erbe aus dem 20. Jahrhundert auch erneuern müssen, um es fortführen zu können. Inzwischen ist endlich ein ziviler, nicht mehr ideologisch ausgerichteter Antifaschismus möglich geworden, der es niemandem mehr zur Pflicht macht, sich unter der richtigen Fahne einzureihen, sondern alle dazu aufruft, unter der Flagge der Demokratie Stellung zu beziehen. Der liberalen, uneingeschränkten und vollumfänglichen Demokratie der europäischen Tradition. Eine andere gibt es nicht. Nachdem nun die blutigen politisch-ideologischen Kämpfe des vergangenen Jahrhunderts ausgefochten sind, ist endlich ein Antifaschismus aller möglich geworden, der aller aufrechten Demokraten, unabhängig von der politischen Ausrichtung, möglich und notwendig.

Als einen Baum mit hohem Stamm, so stellen wir uns gewöhnlich die Demokratie vor. Wir stellen sie uns als eine Eiche, eine Pinie oder eine Pappel vor. Deswegen lassen wir uns auch zu dem Gedanken verleiten, dass nur die Axt oder der Blitz sie fällen könne.

Aber die Demokratie ähnelt vielmehr dem Rebstock,

der ständig kundige Pflege, Liebe und Hingabe braucht. Der Weinstock muss gepfropft, bewässert, vor Schädlingen geschützt und von fürsorglichen, tatkräftigen Händen an seinem Gerüst befestigt werden. Dies erfordert tägliche Arbeit: die Arbeit eines Lebens. Erst durch sie wird die empfindliche und wunderbare Pflanze der Demokratie ihren süßen, berauschenden Wein spenden.